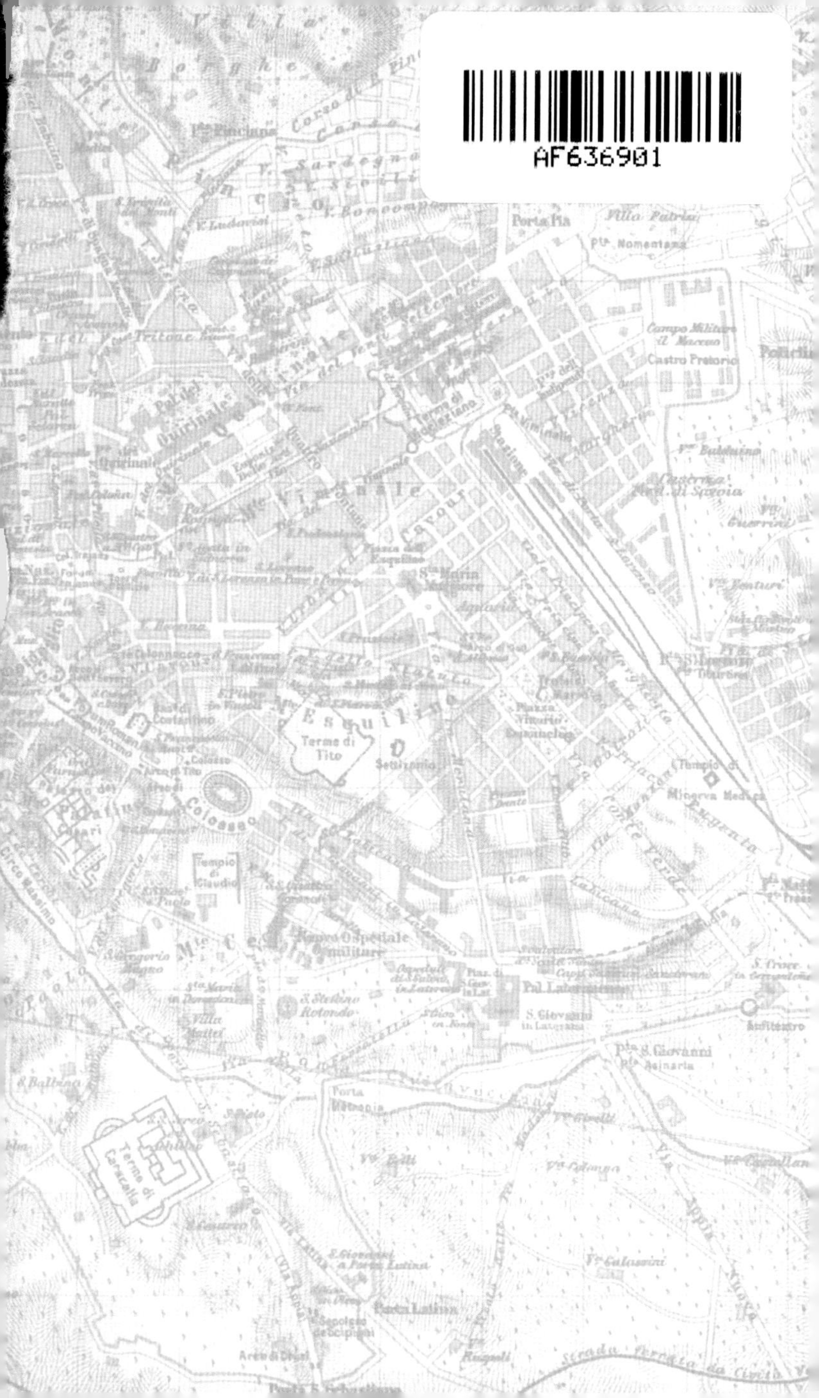

Villa Borghese
P.ta Pinciana
Porta Pia
Villa Patrizi
P.ta Nomentana
Campo Militare Il Macao
Castro Pretorio
Quirinale
Pal. del Quirinale
Terme di Diocleziano
P.ta Viminale
Stazione
M.te Viminale
Caserma Em.l. di Savoia
Piazza dell' Esquilino
S.ta Maria Maggiore
Esquilino
Terme di Tito
Settizonio
Piazza Vittorio Emanuele
Tempio di Minerva Medica
Colosseo
Tempio di Claudio
Nuovo Ospedale Militare
S. Stefano Rotondo
Pal. Laterano
S. Giovanni in Laterano
Anfiteatro
P.ta S. Giovanni
P.ta Asinaria
Porta Metronia
Terme di Caracalla
Porta Latina
Sepolcro de Scipioni
Arco di Druso
Porta S. Sebastiano
Via Appia Nuova
Strada Ferrata da Civita

blue notes
116

Mitte der 1920er-Jahre geht die ausgebildete Buchhändlerin Marie Luise Kaschnitz nach Rom, in die Stadt ihrer Träume. Sie schreibt Kurzgeschichten und Gedichte und sammelt Ideen für einen Roman: *Liebe beginnt* spielt im faschistischen Italien und trägt autobiografische Züge. Im Laufe der Geschichte emanzipiert sich die Protagonistin und befreit sich aus alten Rollen – ähnlich wie Marie Luise Kaschnitz selbst. Als sie Anfang der 1950er-Jahre nach Rom zurückkehrt, ist sie eine berühmte Schriftstellerin.

Juliane Ziegler beschreibt Kaschnitz' Leben anhand zahlreicher, zum Teil bisher unveröffentlichter Originaldokumente – eine faszinierende literarische Reise in die italienische »Herzlandschaft« auf den Spuren einer herausragenden Autorin, deren Werke es wiederzuentdecken gilt.

Juliane Ziegler ist Redakteurin für ARD Online und arbeitet freiberuflich als Journalistin für Print und Hörfunk/Podcasts in Frankfurt am Main (u. a. Hessischer Rundfunk, ORF, BR, chrismon).

»Das Herzklopfen damals und jahrzehntelang immer wieder«

Die Gischt spritzte so hoch, dass sie die Spaziergänger auf der schmalen Promenade durchnässte. Marie Luise konnte es von Weitem sehen. Ob das Meer jetzt noch warm genug war zum Baden? Nach November, wie sie ihn aus Deutschland kannte, trüb, kalt, nebelig, sah es hier nicht aus.

Marie Luise von Holzing-Berstett war die Nacht durchgefahren, jetzt ging es weiter. Das laute Rattern des Zuges, die müden Knochen – sie merkte beides kaum, ihre Gedanken waren ganz woanders. Sie sprangen nach Rom, dem sie sich näherte, zurück nach Bollschweil zur Familie, nach Weimar, zur Thelemannschen Buchhandlung und der heiteren Zeit dort, nach München zu den Monaten im Verlag O.C. Recht. Dann nach Florenz, wo sie in den vergangenen Wochen in einem Antiquariat gearbeitet hatte. Die Stadt mit den immergrünen Gärten, dem riesigen Dom, der Brücke über dem gelben Fluss und den vielen kleinen Geschäften. Florenz gefiel ihr, aber sie wollte nun einmal nach Rom. Also hatte ihr der Antiquar in Florenz, Leo S. Olschki, freundlich und tatkräftig, eine Stelle bei seinem Sohn Cesare in Rom vermittelt. Schon lange träumte Marie Luise von der Stadt; als Jugendliche hatte sie ein Buch besessen, *Die südliche Reise.* »Ich habe von da ab alles über Rom gelesen, was ich bekommen konnte«, beschrieb sie 1971 in einem Interview den Beginn ihrer Italien-Liebe.

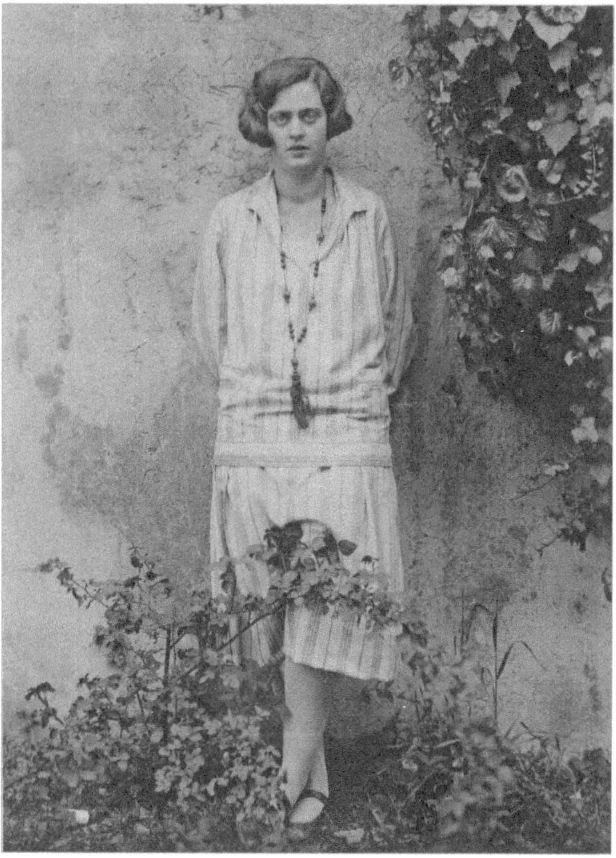

»Ich habe … alles über Rom gelesen,
was ich bekommen konnte.«
Marie Luise Kaschnitz, 1924

Durch die Toskana fuhr Marie Luise, an der Küste entlang. Vorbei an Livorno, an Grosseto, Orbetello. Die Sonne kämpfte sich durch den Morgennebel. »Das rosenrote Frühlicht auf den streng geformten Strohhaufen, den roten Bauernhäusern der Maremmen, dann, schon neben dem Schienengewirr des Bahnhofs, der Tempel Minerva Medica, die Bogen der alten Wasserleitung, das leidenschaftliche Geschrei der sich anbietenden Gepäckträger, das Herzklopfen damals und jahrzehntelang immer wieder, wenn der Zug stillstand, Roma, Rom«, erinnerte sie sich noch lange an ihre erste Ankunft im November 1924. Viele Aufenthalte in Rom sollten folgen.

Es war noch früh am Tag, doch hier wimmelte es schon von Menschen. Am Himmel zogen Möwen ihre Kreise, bis zum Meer war es nicht weit. Das schrille Kreischen der Vögel mischte sich mit den Rufen der Gepäckträger an den Gleisen. Marie Luises Vorfreude auf Rom war groß, die Aufregung auch. Was erwartete sie in der großen Stadt, würde sie zurechtkommen, weit weg von Bollschweil? Wie würde es mit der fremden Sprache klappen? Möglicherweise traf sie in Rom den Archäologen aus München wieder, ein bisschen hoffte sie es, seine Visitenkarte hatte sie aufgehoben. Endlich, Rom!

Junge Jahre zwischen Kaiserreich und Republik

Am 31. Januar 1901 in Karlsruhe geboren, wuchs Marie Luise von Holzing-Berstett mit zwei älteren Schwestern auf: Carola, genannt »Mady«, und Helene »Lonja«, sowie dem jüngeren Bruder Max Adolf, den sie »Peter« riefen. Ein gediegenes Elternhaus, badisch-elsässisches Adelsgeschlecht, das den Kindern eine behütete Umgebung bot. Die Mutter, eine Musikerin, nahm sie häufig mit ins Theater und zu Konzerten, brachte ihre Kinder früh mit Kultur in Berührung. Doch an diese Zeit hatte Marie Luise keine guten Erinnerungen. Die Distanz zu den Eltern war groß, die Mutter erlebte sie als unnahbar und selbstbezogen. Für Geborgenheit waren die Kindermädchen zuständig. Als scheues, feiges und träges Kind beschrieb sie sich, »ängstlich im Dunkeln, krankhaft schüchtern im Umgang mit Erwachsenen, die mir wie unberechenbare Götter erschienen. Ich spielte mit meinem kleinen Bruder, er tat, was ich wollte, aber ich wollte nichts anderes, als aus vertrauten Dingen unvertraute Welten aufbauen, ihn verwandeln, mich verwandeln, das ging den ganzen Tag.«

Ein Jahr nach Marie Luises Geburt war die Familie von Karlsruhe nach Potsdam gezogen. Durch den Beruf des Vaters, er war Offizier, hatte sie engen Kontakt zur Familie Wilhelms II., die Holzing-Berstett-Kinder spielten – wenn auch gelangweilt – mit der Tochter des Kaisers, Viktoria Luise. Ihre Erfahrungen an diese Zeit verarbeitete Marie Luise später in einigen Werken, unter anderem in *Haus der Kindheit* (1956): Hier beschrieb sie ein geheimnisvolles Museum, in dem die Protagonistin mit Motiven und Episoden von früher konfrontiert wird. Ab 1913 wohnte die Familie in Berlin, wo Marie Luise die Schule besuchte. Dann zog die Mutter mit den Kindern nach Bollschweil: eine Idylle im Breisgau, nahe Freiburg, am Rand des Schwarzwaldes. Die Familie besitzt hier ein Herrenhaus aus dem 18. Jahrhundert. An diesen Ort wird Marie Luise ihr ganzes Leben über zurückkehren, als ihre *Familienheimat* bezeichnete sie ihn.

Sie war ein Teenager, als der Erste Weltkrieg ausbrach, und eine junge Frau, als die Kaiserzeit zu Ende war. »Wir fanden es in Ordnung, dass die Welt unserer Kindheit unterging«, sagte Marie Luise später. Der Krieg war verloren, und das alte System brach zusammen. Über zwei Millionen Soldaten waren aufseiten des Deutschen Reichs gefallen, etwa 700.000 Zivilisten waren gestorben. Das Land war erschöpft, die Menschen litten unter den sozialen und ökonomischen Folgen des Krieges.

»Beginn der Revolution der Flotte in Kiel«, notierte Marie Luise Anfang November 1918 in ihrem Kalender. Wenige Tage später: »Waffenstillstand«. Kurz darauf wurde die erste Republik Deutschlands ausgerufen. Von nun an herrschte ein Gefühl des Aufbruchs als Antwort auf das Ende der Monarchie, und die Grundsätze der Elterngeneration wurden auf den Kopf gestellt. Frauen wollten studieren, wählen, gestalten, Hosen tragen. Traditionen und Konventionen nahmen sie nicht mehr einfach so hin. Die Damenfrisuren wurden kürzer, die Röcke auch. Plötzlich wehte auch durch die Kulturszene ein neuer Wind: Bislang hatten Männer den Kunst- und Literaturbetrieb dominiert. Doch bald veröffentlichten Vicki Baum und Marieluise Fleißer ihre Werke, Gabriele Tergit mischte den Journalismus auf. Sie verdienten ihr eigenes Geld, wollten eigenständig sein und sorgten für ein neues Lebensgefühl einer ganzen Generation von Frauen: unabhängig, selbstbewusst und konservativen Idealen widersprechend. »Ich interessierte mich nicht für die Frauenbewegung, deren große Vorkämpferinnen damals, im Ersten Weltkrieg, schon alt waren«, erklärte Marie Luise rückblickend und gab zu: »Ich gehörte zu denen, die ihre Leistung anerkannten, aber ihr Erbe verschenkten«. Und doch wurde sie von der Haltung jener Frauen durchaus beeinflusst.

Mit dem Ende des Krieges kam auch der Vater Holzing-Berstett nach Bollschweil. Er litt unter der Niederlage, »war finster, fand die Unbeschwertheit seiner Töchter zwar nicht verwerflich, aber unverständlich«. Von den vergangenen Jahren stark gezeichnet, trauerte er dem Kaiserreich nach und verbreitete daheim Missstimmung. Also beschlossen die drei Töchter: fort von zu Hause, um das Leben kennenzulernen. Die Zweitälteste, Lonja, ging zum Jurastudium nach Heidelberg. Marie Luise hatte kein Abitur gemacht, ein Studium interessierte sie nicht – sie wollte arbeiten gehen. Schon als Kind hatte sie viel gelesen und die Vorstellung, als Buchhändlerin zu arbeiten, gefiel ihr: sich den gesamten Tag mit Büchern beschäftigen zu können, und auch der Kontakt zu Kunden reizte sie. Der Vater willigte ein: »Hier schicke ich Dir den Brief mit der Zusage von Thelemann[1], der nur vom Geldpunkt nichts enthält. Gräme Dich aber nicht darüber, denn ich hoffe Dich, auch wenn der Sold kärglich sein sollte, nächstes Jahr über Wasser halten zu können. Offenbar gibt's viel

Arbeit, und wohl anfangs ziemlich viel mechanische. Aber das scheust Du ja nicht. Glück auf, Dein Vater.«

Somit verließ Marie Luise ihr Zuhause, die düstere Stimmung, und zog Ende 1921 quer durch die Republik vom beschaulichen Bollschweil nach Weimar. Ihr erstes eigenes Geld verdiente sie »in der alten, aber mit anthroposophischen Möbeln, Graphischem Kabinett und Schränken voll Luxusdrucken sehr modern sich präsentierenden Thelemannschen Buchhandlung«. Reclam-Hefte ordnen und Staub wischen – zunächst waren das die Aufgaben der Auszubildenden. Doch schnell fand Marie Luise Gefallen am Tagesgeschäft, etwa wenn Kunden wie der Maler Paul Klee kamen, oder wenn sie Empfehlungen geben konnte: »Wir waren sehr idealistische junge Buchhändler, wir wollten unsere Kunden erziehen. Die Kunden, die die Courths-Mahler verlangt hatten, mussten mit einem Band Nietzsche fortgehen.« Wer einen seichten Liebesroman kaufte, sollte sich also auch mit philosophischen Fragen beschäftigen.

Die Künstlerszene in Weimar zog Marie Luise an: »Ein und ein halbes Jahr in der Goethestadt, aber sehr fern von Goethe, der mir damals uninteressant war, während das Bauhaus mit seinen großen Malern Klee, Kandinsky und Feininger, mit Oskar Schlemmers Triadischem Ballett, mit ländlichen Schülertanzabenden lockte.« Statt Hochkultur und Iphigenie im Stadttheater also lieber experimenteller Tanz und große Kunst.

Seit die Deutsche Nationalversammlung dort tagte, stand Weimar politisch im Fokus; kulturell ohnehin. Goethe und Schiller, Nietzsche und Liszt prägten die Stadt. Walter Gropius hatte im April 1919 das Staatliche Bauhaus gegründet. Dort ging es lebhaft zu: Künstler und Handwerker aus aller Welt kamen her, tauschten sich über ihre Einfälle aus, entwickelten neuartige Ausdrucksformen. Gropius setzte auf eine enge Verbindung von Leben und Arbeiten, und es entstand eine wilde Feierkultur rund um die Hochschule. Im konservativen Weimar galten die Bauhäusler als sittenlos, man sagte ihnen eine bolschewistische Grundeinstellung nach. Marie Luise, Anfang zwanzig, war mittendrin, vergnügte sich, verbrachte Zeit in den Werkstätten der Bauhausschüler, auf ihren Festen und beschäftigte sich mit den kühnen Ideen der Studierenden. »Ich hatte damals noch nicht ernsthaft angefangen zu schreiben und hätte gerne gemalt, etwas mir selbst noch Verhülltes zum Ausdruck gebracht«, erinnerte sie sich später. Doch von ihrem eigenen Können war sie nicht überzeugt.

Im gesamten Land heizte sich die Stimmung weiter auf, auch in Weimar. Marie Luise kam in Kontakt mit den Syndikalisten, einer Gruppe, die den Staat nicht anerkannte und sich gegen das kapitalistische System richtete: »Die Demokratie erschien uns blass und altbacken [...]. Wir interessierten uns für den Anarchismus und andere radikale Lösungen, die wir von links, nicht etwa von der schon bestehenden nationalsozialistischen Partei erhofften.« In Berlin bildete sich ein Kabinett nach dem anderen, die Ablehnung des Versailler Vertrages beherrschte die öffentliche Debatte, französische und belgische Soldaten besetzten im Januar 1923 das Ruhrgebiet. Die Reichsmark verlor immer mehr an Wert, aus der Inflation wurde eine Hyperinflation. Die wirtschaftliche Not war für viele Realität, das Bedürfnis der Menschen nach Sicherheit und Stabilität wuchs. Eine fragile Demokratie, in der sich die Fronten verschärften. Auf der einen Seite völkische und nationalsozialistische Ideologie, auf der anderen Seite Kommunisten, Liberale, Sozialdemokraten. Radikale in beiden Lagern. Die NSDAP hielt ihren ersten Parteitag in München ab, gewann an Einfluss, und im Herbst versuchte Adolf Hitler einen Putsch.

Inmitten dieses unruhigen Klimas zog Marie Luise 1924 von Weimar nach München, wo sie im O.C. Recht Verlag eine Stelle fand. Die Unterkunft, die sie dort mietete, hatte zuvor ein Archäologe aus Wien bewohnt, Guido Kaschnitz von Weinberg. Als er das Zimmer übergab, hatte er Marie Luises Aufmerksamkeit geweckt. Sie lud ihn auf einen Tee ein, »Kakaoschalentee, den er in sehr übler Erinnerung behalten« würde. Freundlich war dieser Österreicher, hager und groß, die Augen schön und tiefliegend. Kurz vor dem Ersten Weltkrieg war er promoviert worden, dann hatten ihn die Jahre an der Front aus der wissenschaftlichen Arbeit gerissen. Er und Marie Luise begegneten sich nur kurz, seine Visitenkarte bewahrte sie sorgfältig auf. Guido verließ die Stadt in Richtung Rom – »wohin es auch mich oder wohin er mich, ohne es zu wissen, zog«, beschrieb Marie Luise. Ihr Entschluss stand schon bald fest: Sie wollte nach Italien, »weil es ein großer Traum meines Lebens war, nach Rom zu gehen.«

Nach Italien, so weit weg? Mit dreiundzwanzig, alleine? Ungewöhnlicher Plan einer jungen Frau in den 1920er-Jahren. Italienischkenntnisse hatte Marie Luise keine, wohl aber Fernweh, Lust auf Abenteuer und ein Bild vom Süden im Kopf, das sie überprüfen wollte. Die Koffer wurden also gepackt – und die hüftlangen Haare zum kurzen Bubikopf geschnitten.

Endlich, Italien!

Als Marie Luise in Italien ankam, war Benito Mussolini bereits seit zwei Jahren an der Macht: Ein geschickter Politiker, der die Italiener manipulierte und begeisterte. Die Bevölkerung litt unter sozialen und wirtschaftlichen Problemen, ständig gab es Streiks und Unruhen. Mussolini inszenierte sich als einzige Kraft, die Italien retten und den Bolschewismus in Schach halten könne. »Entweder man vertraut uns die Regierungsgewalt an, oder wir werden sie uns nehmen, indem wir nach Rom marschieren!«, hatte seine Partei im Herbst 1922 gewarnt. Nur wenig später wurde aus der Drohung Realität: Zehntausende Männer der Kampfbünde, der *Fasci di combattimenti*, waren in die Hauptstadt einmarschiert und hatten die Macht brutal an sich genommen. Mussolini formte den Staatsapparat systematisch in eine Diktatur um. Auch das Stadtbild Roms sollte sich unter ihm stark verändern: Er ließ abreißen und freilegen und so viel bauen wie nie zuvor. Das Neue sollte groß, wuchtig, monumental werden, alles Mittelalterliche in der Stadt sollte weichen. Rom war in Aufruhr. »*Duce! Duce! Il Duce ha sempre ragione!*«, ›Der Führer hat immer Recht‹, war auf den Fassaden zu lesen.

Marie Luise wechselte nach einigen Monaten von der Buchhandlung Leo S. Olschkis in Florenz zum Antiquariat seines Sohnes Cesare in Rom. Zusätzlich fand sie eine Stelle als Sekretärin: in der Abteilung Rom des Deutschen Archäologischen Instituts (DAI)[2], das gerade wieder eröffnet hatte, nachdem es mit Kriegseintritt Italiens 1915 geschlossen worden war. Früher hatte das Institut seinen Sitz am Kapitol gehabt, jetzt war es in die Räumlichkeiten der Deutschen Evangelischen Gemeinde in der Via Sardegna gezogen. Marie Luise war begeistert vom Leben in Italien, viel Neues drängte auf sie ein: diese Stadt, eine Zeugin der Vergangenheit, die unbekannte Sprache, die Mentalität der Menschen hier. Im Zentrum Roms, zwischen Tiber und dem Campo de'Fiori, direkt an der Piazza Argentina, wo die Katzen sich gegenseitig jagten, fand Marie Luise ein kleines Zimmer: »Eine eiskalte Wohnung, lange Herbstabende, mit dem mageren Töchterchen der ewig bekümmerten Wirtin über Rätselzeitungen am Kohlenbecken verbracht«, notierte sie.

Bald schon begegnete Marie Luise am Institut Guido wieder, dem österreichischen Archäologen. Er arbeitete dort als Hilfsassistent. Guido war elf Jahre älter als sie, gab sich ruhig und zurückhaltend, ein wenig melancholisch wirkte er. Gleichzeitig war er ein eloquenter Redner, gerne in Gesellschaft und geistreich in Diskussionen. Er kleidete sich elegant, mit Melone und Jackett, auf Taille geschnitten. Marie Luise mochte ihn. Ihr gefiel sein Wiener Charme, und wie er von der Münchener Zeit schwärmte! »Immer wieder hob er das einzigartige Nebeneinander produktiver Geister, die überschäumende Lebens- und Schaffenslust jener ersten Nachkriegsepoche hervor.« Es dauerte nicht lange und sie wurden ein Paar. Häufig gingen sie in dem nahe gelegenen Park der Villa Borghese spazieren. An warmen Tagen machten sie Halt am Kaffeehaus, wo ununterbrochen Musik lief, und bestellten Americano mit Eis.

Marie Luise und Guido unterhielten sich über Literatur und Kunst, über Brecht, Strindberg und Wedekind, diskutierten über Klimt und Munch, über *Die Brücke* und die Entwicklungen rund um das Bauhaus. Beide waren politisch liberal eingestellt: Guido war in Wien Teil eines Freundeskreises gewesen, der sich mit sozialistischen Ideen beschäftigte. Im Krieg hatte er sich eine linksgerichtete Zeitung an die Front schicken lassen.

Cesare Olschki, der Buchhändler, lud Marie Luise häufig zum Abendessen mit seiner Familie ein. Dann nahm er sie im Pferdewagen mit und sie fuhren durch die Altstadt Roms, durch die engen Gassen des ehemaligen Ghettos, vorbei am Janustempel, an der Bocca della Verità bis zu seiner Wohnung am Aventin. »Als ich zum ersten Mal bat, meinen österreichischen Freund mitbringen zu dürfen, waren Hausherr und Hausfrau befremdet, ja verletzt. Doch im Laufe der Jahre haben diese mimosenhaften Geschöpfe ihn noch viel mehr lieb gewonnen als mich.« Manchmal kam Leo S. Olschki aus Florenz nach Rom, um im Geschäft seines Sohnes nach dem Rechten zu sehen. Die Generationen und unterschiedliche Temperamente trafen aufeinander: der robuste, tatkräftige Vater und der zurückhaltende, musikalische Cesare. Allzu viel verdiente Marie Luise dort nicht, und der Alltag in Rom war teuer, daher fuhr sie regelmäßig nach Bollschweil zu ihrer Familie. Dann von Guido getrennt zu sein, fiel ihr nicht leicht. Doch auch Guido wartete ungeduldig auf den nächsten Brief, das nächste Wiedersehen: »Ohne Dich ist das Leben in Rom leer und traurig und schwer zu ertragen«, schrieb er im August 1925 nach Deutschland.

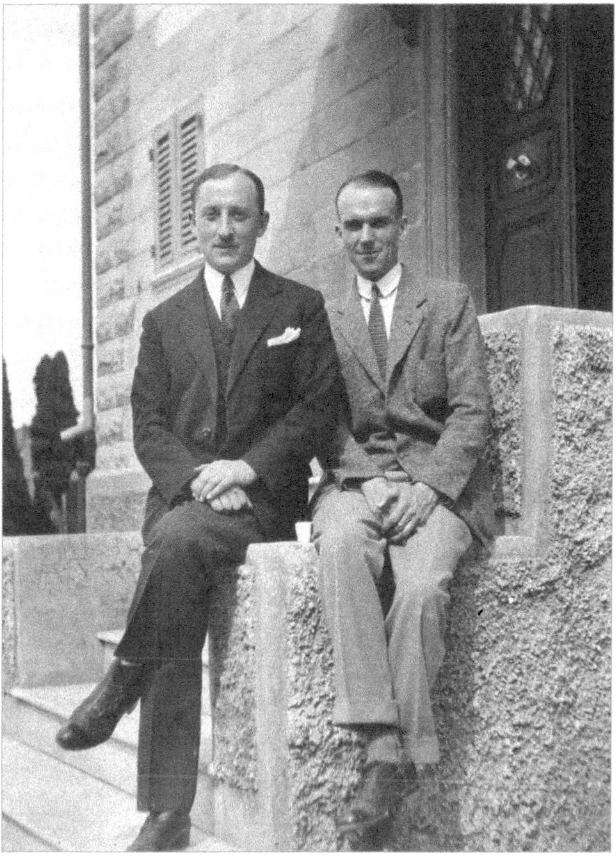

»Ohne Dich ist das Leben in Rom leer und traurig und schwer zu ertragen«, Guido Kaschnitz von Weinberg (rechts, hier mit Cesare Olschki), im August 1925 an Marie Luise

Vom Leben und Arbeiten in Rom

Kurze Texte und Gedichte hatte Marie Luise bereits als Jugendliche geschrieben. Schon 1919 hatte die Badische Presse eine Prosaskizze gedruckt, gezeichnet *M.H.B*, Marie Luise Holzing-Berstett. Ideen hatte Marie Luise viele, ständig notierte sie Einfälle in eines ihrer Hefte, machte kleine Zeichnungen oder hielt Anekdoten fest. Guido war neugierig: »Wann schickst du mir endlich Deine Gedichte! Sind ein paar Liebesgedichte darunter, dann die besonders! Ich werde zwar vor Eifersucht platzen aber das macht nichts. Mach doch eins auf mich bitte bitte. Ich will etwas von Deiner Seele spüren und wie lieb sie mich hat. Ich dürste danach!«, schrieb er im September 1925.

Es dauerte nicht allzu lange und sie verlobten sich. Nun stand einiges Organisatorische an: Das Aufgebot musste bestellt, die Heiratsanzeige aufgegeben werden. Wer sollte überhaupt Trauzeuge werden und wo die Trauung stattfinden, vielleicht sogar in Rom? Zeit zum Dichten blieb Marie Luise dennoch, und als sie ihm endlich einige Verse schickte, antwortete Guido: »Deine Gedichte haben mir ausgezeichnet gefallen, vielleicht ist bei dem einen oder dem anderen etwas an der Form auszusetzen, das lässt sich abschleifen. Es ist wirklich ein außergewöhnliches Talent, das aus diesen Gedichten spricht! Ich wäre Dir sehr dankbar, wenn Du mir noch andere senden würdest, sie haben mir wirklich eine außerordentliche Freude und viel Genuss gegeben.«

Im Oktober 1925, zwei Monate vor der geplanten Hochzeit, kamen Marie Luise plötzlich Zweifel. Guido versuchte sie zu beruhigen: »Deinen Abschied vom Galgenvogelleben brauchst Du doch nicht allzu tragisch zu nehmen, die Ehe mit mir wird Dir sicher keine allzu schwere Fessel bedeuten und in Deine Lebensführung werde ich Dir sicher nicht viel dreinreden, ein wenig Trauer und Wehmut finde ich übrigens auch sehr natürlich.«

Guidos Worte zeigten Wirkung, ihre Bedenken verflogen: Marie Luise und Guido heirateten am 30. Dezember 1925 in Bollschweil, im Gutshaus der Holzing-Berstetts. Die Haustür hatten sie mit Girlanden aus Zweigen und hellen Schleifen geschmückt, auf beiden Seiten Tannen aufgestellt. Es war ein milder Wintertag. Geschneit hatte es nicht, aber furchtbar stürmisch war es, die Girlanden schaukelten wild. Marie Luise trug ein knielanges Kleid mit schlichtem Rundhalsausschnitt, einen Kranz auf der Stirn und einen langen Schleier aus Tüll. Guido hatte die Haare zurückgekämmt, an den Schläfen kurz rasiert. Als die Hochzeitsgesellschaft sich zum Gruppenfoto aufstellte, riss der Wind Marie Luise fast den langen Schleier vom Kopf, er flatterte ihr ins Gesicht. *Windsbraut*[3] nannte Guido sie von da an. »Mir war das recht, ich bin immer gern gegen den Wind gelaufen, selbst der heimatliche Westwind, dieser an den Nerven zerrende Heuler, gefiel mir, noch mehr der warme, heftige Wind an südlichen Stränden, der mir die Uferwellen zornig vor die Füße warf«, sagte Marie Luise. Für das zweite Foto drapierte sich die Mutter den Schleier um den Hals wie einen Schal.

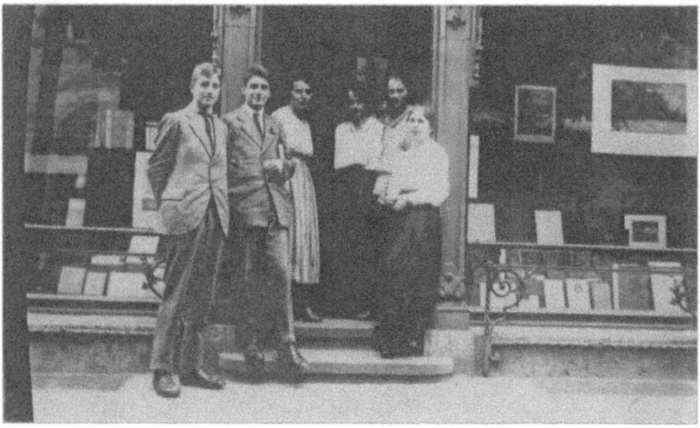

Marie Luise Kaschnitz (3. v. rechts) mit ihren Kollegen vor der Thelemannschen Buchhandlung in Weimar, 1922

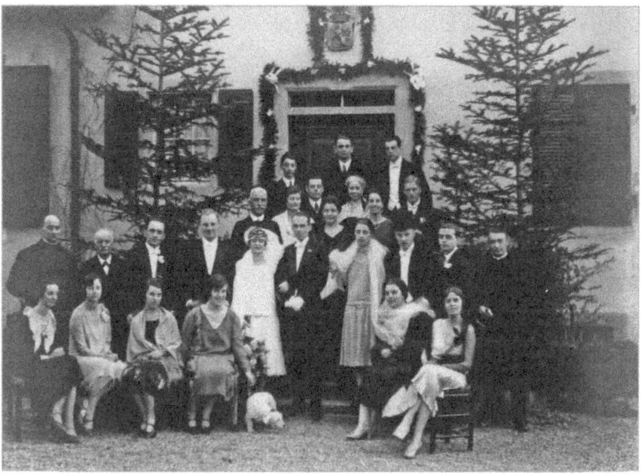

»Deinen Abschied vom Galgenvogelleben brauchst Du doch nicht allzu tragisch zu nehmen«, Marie Luise und Guido Kaschnitz von Weinbergs Hochzeit am 30. Dezember 1925 in Bollschweil

Nun, als Ehepaar, durften sie auch endlich beieinander wohnen. Ihr erstes gemeinsames Zuhause in Rom: die Assistentenwohnung im Obergeschoss des Deutschen Archäologischen Instituts, Via Sardegna. Groß war sie nicht, aber praktisch gelegen, unweit der belebten Via Veneto. Vor der Tür eine kleine *Latteria*, ein Milchgeschäft, beim Bäcker daneben kauften sie süße Brötchen, *Maritozzi*.

Meist ging es heiter, unbeschwert und gesellig zu. Marie Luise und Guido trafen häufig Freunde, sahen sich die neuesten Filme im Kino an, sie verabredeten sich zu Diskussionsabenden im DAI oder mit Kollegen der Bibliotheca Hertziana, dem kunsthistorischen Institut. Gemeinsam unternahmen sie Ausflüge nach Tivoli, Castel Gandolfo, Palestrina, an den Strand, gingen wandern in den Albaner Bergen. Während eines Aufenthaltes Marie Luises in Bollschweil berichtete Guido von Tennisspielen mit Kollegen und dass er sich von einer »Nikotinvergiftung« erholen müsse. Manchmal wurde es ihm zu turbulent: »Wenn das so weitergeht, dann gute Nacht. [...] Dieses Rom ist wirklich für Menschen, die was tun wollen, [...] ein gefährlicher Boden«. Am DAI war Guido stark eingebunden, und die Tage zu kurz für alle Vorhaben, berichtete er. So viele Veranstaltungen, dass er Probleme hatte, sich auf seine Arbeit zu konzentrieren und sich nicht ablenken zu lassen.

Er philosophierte gerne, beschäftigte sich auch mit zeitgenössischer Kunst und Trends, etwa mit Design-Fragen um die neuen Automobile: »Muss nicht auch Kunst sein, die um ihrer selbst Willen besteht oder ist das ein überwundener Standpunkt einer erledigten Generation? Werden wir ein Auto, dessen Form uns heute entzückt, als Form auch nach einigen Jahren bewundern? Ist es hier nicht etwas wie in der Mode, wo alles Gestrige unausstehlich wirkt, während wirkliche Kunst von gestern – Cézanne, van Gogh, Kokoschka, Picasso – auch kurz nachher bedeutend blieb? Man schwankt hier zwischen zwei Polen!« Guido war es wichtig, auch in Rom über die kulturellen Entwicklungen in Deutschland und Österreich auf dem Laufenden zu bleiben. Was geschah nun mit den Bauhäuslern? Welche Theaterinszenierungen wurden besprochen? Einmal, als Marie Luise nach Berlin fuhr, bat er: »Vielleicht kannst du mir vom Kunstblatt irgendein neues Heft mitbringen oder irgend eine andere Zeitschrift, die etwas Interessantes über moderne Kunstströmungen in Deutschland enthält.«

Marie Luise und Guido verbrachten mehrmals längere Aufenthalte in Südfrankreich, in Menton an der Côte d'Azur. Während sich dort in den warmen Monaten Filmstars, Adelige und andere Berühmtheiten tummelten, blieb es im Winter ruhig, und vor allem waren die Lebenshaltungskosten niedriger als in Rom. Inzwischen war Guido zwar vom Hilfsarbeiter zum Assistenten aufgestiegen, doch das Geld war immer noch knapp.

Auch im Winter 1927/28 waren sie in Frankreich, und Guido hatte eine fixe Idee: Könnte man nicht ein System ausklügeln, um im Roulette zu gewinnen? Zu verlockend, die Vorstellung, auf einen Schlag so viel Geld zu gewinnen, dass sie nicht mehr arbeiten müssten und Guido sich vollständig auf seine Forschung konzentrieren könnte. Also fuhren sie über die Grenze ins Casino nach Monte Carlo. Zuvor hatte sich Guido ein dickes Lehrbuch gekauft, mit selbst gebastelten Holztäfelchen getüftelt und Wahrscheinlichkeitsrechnungen angestellt. Marie Luise und Guido suchten sogar den Verfasser des Lehrbuches auf – vielleicht konnte er noch zusätzliche Tipps geben? Dass er und seine Frau in recht ärmlichen Verhältnissen lebten, nahm Marie Luise sofort wahr. Letztlich funktionierte es nicht, das Glück im Spiel herauszufordern. Guido verlor.

Und irgendwie klappte es doch auch so. Sie hatten einander, Guido arbeitete an seiner Habilitationsschrift und Marie Luise an Erzählungen – unlängst hatte sie die Ausschreibung eines Geschichtswettbewerbs entdeckt. Vor der Tür das funkelnde Meer, ihnen ging es gut.

Als sie im Frühjahr 1928 wieder zurück in Rom waren, fing Guido an, nach einer neuen Wohnung für die beiden zu suchen. Denn so praktisch es auch war, direkt am Institut zu wohnen – die kleine Assistentenwohnung war einfach zu eng. Die Suche zog sich. Entweder lagen die Wohnungen zu weit außerhalb, waren unbezahlbar, oder beides. Dann aber konnte er endlich vermelden: Er hatte etwas gefunden, ein Appartement im Palazzo Taverna! Eine Wohnanlage aus dem Mittelalter, wie eine kleine Festung, direkt an der Engelsbrücke gelegen. Man sagte, hier seien im 15. Jahrhundert die Geschwister Cesare und Lucrezia der sagenumwobenen Familie Borgia, die Kinder von Papst Alexander VI, aufgewachsen. Marie Luises Fantasie regte diese finstere Legende voller Intrigen an, in mehreren Gedichten nahm sie sie auf.

Guido beschloss: »Wir nehmen also die Wohnung um 800 Lire und verpflichten uns, wenn sie einen Mieter findet, wieder auszuziehen, natürlich mindestens

14 tägige Kündigung. Mir ist ein Felsbrock vom Herzen gefallen. […] Ich glaube, mit dieser Wohnung können wir ruhig etwas bescheidener leben, dort hält man das ruhig aus.« Sie hatte sogar eine kleine Dachterrasse, »und die schönsten Kassettendecken, der Flur war ein gläsernes Gängchen, der Mauer angeklebt«. Marie Luise und Guido freuten sich, bald schon waren sie eingezogen. Es wird »das schönste Quartier« ihres Lebens sein. Im Hof blühten riesige Oleanderbüsche, rot und weiß. Rhythmisches Blechgehämmer des nahegelegenen Schmiedes drang leise hinein. In dieser Wohnanlage befand sich auch die französische Botschaft beim Heiligen Stuhl, daher bewachten Tag und Nacht Carabinieri das Gebäude. Draußen eine Osteria neben der anderen, mit dicken Bohnen gefüllte Weißbrote gab es dort, dazu Castelliwein, und im Winter geröstete Kastanien – der Duft durchwehte dann das ganze Viertel. An der Piazza Navona tranken sie nach dem Mittagsschlaf häufig einen Espresso, und auch zum Petersplatz war es nicht weit.

Ein enger, väterlicher Freund der beiden war der Altertumsforscher Ludwig Curtius, der ab 1928 das Deutsche Archäologische Institut leitete. Mit ihm und seiner Frau Edith tauschten sie sich häufig aus, trafen sich zu ausgedehnten Mahlzeiten. Ein wenig bieder war Ludwig Curtius, doch vor allem anspruchsvoll und streitbar. Er erwartete einiges von seinem Umfeld, forderte einen wachen Geist und verabscheute Oberflächlichkeiten. »Worauf es diesem ankam, war die bewusste Förderung der eigenen Persönlichkeit durch die Welt, wobei es keine Rolle spielte, ob man ein Kunstwerk, eine Straßenszene oder die Entwicklung einer

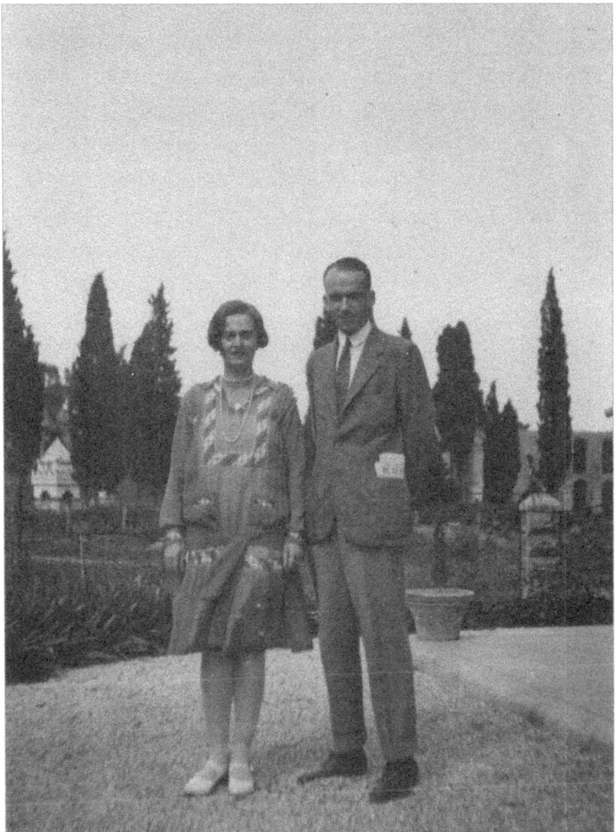

»Immer schied ich von dir mit weinendem Herzen.«
Marie Luise Kaschnitz und ihr Mann 1925 in Rom

Kletterpflanze im Auge gehabt hatte. Man musste die Dinge nur gesehen, sich etwas aus ihnen gemacht haben, im Curtius'schen, eigentlich im Goethe'schen Sinn. Kein Augenblick der Trägheit war erlaubt, und die größte Sünde war der stumpfe Sinn«, so erlebte Marie Luise diesen Wissenschaftler, dem sie 1936 das Gedicht *Rom* widmen würde. Es beginnt mit der Zeile: *Königlich, Rom, hast Du mich immer empfangen* und beschreibt die tiefe Verbundenheit mit der Stadt Rom, zu der Ludwig und Edith Curtius für Marie Luise lange Zeit gehörten. *Immer schied ich von dir mit weinendem Herzen.*

Zu diesem Zuhause, das sie hier gefunden hatte, zählte auch Hermine Speier. Die Archäologin aus Frankfurt hatte bei Ludwig Curtius promoviert und kam im April 1928 nach Rom an das DAI, wo sie die Fotothek, das Fotoarchiv des Instituts, aufbaute und leitete. Hermine, genannt »Spinni«, war schon bald eine gute Freundin von Marie Luise und Guido.

Wissensdrang und gute Hoffnung

Weiterhin war die Sehnsucht groß, wann immer Marie Luise und Guido getrennt waren. Besuchte Marie Luise ihre Familie in Bollschweil, schrieben sie sich zeitweise täglich. »Mir tut das Herz schrecklich weh nach Dir. [...] Wenns doch nur schon Mai wäre! Tu sei[4] mein tapferer Soldat auf wichtigem Posten allein in Feindesland. [...] Wie schrecklich sind die Tage ohne Dich. Nur ein Gutes haben sie, sie zeigen, wenn das überhaupt noch notwendig ist (und das ist es gar nicht mehr), wie sehr wir eins und untrennbar geworden sind«, formulierte Guido im April 1928.

Wieder zurück in Rom durchstreifte Marie Luise auf langen Rundgängen die Stadt, sie war beeindruckt von dieser Kulisse. Sie nahm an Exkursionen in die Umgebung teil, besuchte Ausstellungen und Vorträge über die Antike sowie über mittelalterliche Kunst. Durch Guido und den neuen Freundeskreis aus Archäologen und Kunsthistorikern erlebte sie hier etwas ganz Neues: »Kaum dass ich geheiratet hatte, war ich überglücklich, der Welt der wissenschaftlichen Institute und der Universität anzugehören, die mir, der Offizierstochter, mit einem Mal als die einzig begehrenswerte erschien. Im Kreise der Professoren und ihrer Frauen war ich lange Zeit die Jüngste, jedenfalls die Ungebildetste, meine Fragelust war aber ungeheuer, ich hörte jeder Belehrung zu.« Im Gegensatz zu einem Studium an der Hochschule, gegen das sie sich zuvor entschieden hatte, genoss sie es, nun lernen zu können, ohne sich festlegen zu müssen: Mal konnte sich mit der Metrik eines Gedichts beschäftigen, dann wieder mit kunstgeschichtlichen Inhalten. Marie Luise begann, sich vor allem für die antike Mythologie, griechische und römische Kunst zu interessieren, sie arbeitete sich intensiv ein. Über Guido hatte sie einen ganz persönlichen Zugang: »Der Süden, die Antike und nicht nur die klassische, waren durch die Arbeit meines Mannes immer gegenwärtig.«

Was sie in Italien sah und erfuhr, regte ihre Fantasie an, beeinflusste ihr Schreiben stark, und sie verarbeitete die neuen Impulse zunächst in ihren Gedichten. Später, 1943, sollte sie *Griechische Mythen* veröffentlichen, fünfzehn neu erzählte Sagen: »Den ersten Anstoß zu meinem Mythenbuch haben nicht gelesene Geschichten, sondern gesehene Vasenbilder gegeben. Bei unseren Wanderungen durch die Museen tauchten immer wieder die Fragen auf, was geht da vor, was wird da erzählt. Während mein Mann seinen archäologischen Fragen nachging, machte ich mir meine eigenen Gedanken, erkundigte mich wohl auch, wer ist der Jüngling in dem reblaubbekränzten Schiffchen.« Marie Luise war begeistert von der Fülle an Eindrücken und der Geschichten, denen sie hier Tag für Tag begegnete.

Doch zeitgleich stand sie vor einer anderen Herausforderung: der Umgang mit ihren Selbstzweifeln während des Schreibens, das Ringen um jedes einzelne Wort, der Kampf gegen Unsicherheiten. War gut genug, was sie zu Papier brachte? Wollte das irgendjemand lesen? Guido glaubte an ihr Talent und bestärkte sie: »Sicher bin ich, dass Dir die Arbeit auch menschlich viel gibt, vielleicht mehr als Du selbst merkst! Denn so etwas arbeitet in einem selbst, klärt einen und formt die Persönlichkeit, macht sie ausdrucksvoll.«

Marie Luise und Guido erwarteten Nachwuchs, und die Vorfreude auf das Kind war groß. »Ob es etwas spürt von seines Vaters archäologischen Forschungen, von den Schreibversuchen seiner Mutter, ist nicht ausgemacht, vielleicht nährt es sich davon wie von den Spaghetti, die ich esse, wie von den zärtlichen Worten, die zwischen meinem Mann und mir hin- und her gehen.« Doch auf einmal packte es Marie Luise, sie wollte nach Bollschweil in die *Familienheimat*. Womöglich war ihr wohler bei dem Gedanken, das Kind zu Hause in Deutschland, in einer Freiburger Klinik nahe ihrer Familie, auf die Welt zu bringen. Und irgendwie wollte sie auch weg von Guido: »Er sollte mich so kränklich plump, so verzerrt nicht länger sehen, keinen Ekel empfinden müssen, nein, ein Mann, der sich das Dabeisein im Kreißsaal erbettelt, war er nicht.« Und so verließ sie im Herbst 1928 fluchtartig Rom, die schöne Wohnung mit den Kassettendecken und natürlich Guido. Im siebten Monat schwanger war sie, und diesmal fiel Guido der Abschied noch schwerer als sonst. »Ich habe noch lange den roten Lichtern Deines Zuges nachgesehen [...] Ich kann dieses Alleinsein noch immer nicht recht begreifen und es wird daher auch von Stunde zu Stunde schmerzlicher, je mehr es mir richtig zu Bewusstsein kommt. [...] Am ganzen Sonntag bis jetzt Abend wurde jeweils aufsteigende Bekümmernis durch fleißige Arbeit unterdrückt.«

Tochter Iris Costanza kam am 23. Dezember 1928 in der Freiburger Frauenklinik auf die Welt, an Heiligabend schrieb Guido aus Rom: »Der hiesige Staat ist in einen glückseligen Freudentaumel verfallen und gratuliert herzlich und wenns die sich überlegen, so haben die sich eigentlich am liebsten ein Mäderl wünscht und sind also herzlich froh und neugierig-besorgt, wie's denn der lieben Matissima eigentlich ergangen ist! Ob sie viel auszustehen gehabt hat. Und ist's doch scheinbar Sonntagskindchen. Und ist's sicher noch runzlig wie ein altes Hexenweibchen[5], sa?«

Auch der römische Freundeskreis freute sich über die Nachricht. Edith Curtius, die Frau des Institutsleiters, meldete sich Anfang Januar 1929 und stellte »Fragen zur Geburt, die Guido verlegen machen würden: Wie ist es denn gegangen? Und hat es lange gedauert? Und haben Sie leiden müssen? Und was wiegt es? Und sind Sie wieder selbst elastisch, glücklich, neu lebendig? ... und dann werden Sie damit nach Rom kommen, wo wir sie all die Zeit her so schmerzlich vermissen.«

Marie Luise wird Schriftstellerin

Die Rollen zwischen ihr und Guido waren nach der Geburt der Tochter nun klar verteilt: Familie und Haushalt – darauf lag im Alltag der Fokus für Marie Luise. »Ich musste dafür sorgen, dass mein Mann möglichst gut arbeiten konnte und dass er und unser Kind möglichst glücklich waren. Trotzdem habe ich auch damals immer gearbeitet und meine eigene Gedanken- und Ideenwelt gehabt. Ich glaube, dass mein Mann eher froh darüber war. Eine Frau, die am Diwan sitzt und auf den Mann wartet, hätte ihn verrückt gemacht.« Der Wunsch, beruflich schreiben zu können, beschäftigte sie immer stärker. Also schaffte sie sich hartnäckig Freiräume zum Arbeiten, kämpfte um kleine Auszeiten und entdeckte zwischen Einkäufen und Erledigungen eine Möglichkeit: »Am liebsten würde ich zum Arbeiten immer ins Caféhaus (aber eines ohne Tischtücher) gehen, wo niemand etwas von mir weiß und will.«

Fünf Texte schickte sie an den Berliner Bruno Cassirer Verlag. Dessen Ausschreibung, in der er nach unbekannten Autoren suchte, hatte Marie Luise vor einiger Zeit entdeckt. An diesen Erzählungen hatte sie gearbeitet, während sie mit Guido in Frankreich war. Rund zweitausend Manuskripte landeten bei Max Tau, dem Lektor des Verlages. Zeitweise verfluchte er seine Idee – wie viel Unbrauchbares er nun lesen musste! Doch dann stieß er auf die Texte von Marie Luise Kaschnitz. Vielversprechend fand er, was er da las. Er blieb daran hängen. Und so veröffentlichte der Bruno Cassirer Verlag 1930 zwei ihrer Erzählungen, *Spätes Urteil* und *Dämmerung*, in der Sammlung *Vorstoß. Prosa der Ungedruckten*. Endlich eine Bestätigung ihres Könnens, und ihrem Traum, als Schriftstellerin zu arbeiten, kam sie einen Schritt näher. Mit Max Tau verstand sich Marie Luise gut, und Kontakte zu einem Lektor waren immer praktisch. Er kannte schließlich den ganzen Literaturbetrieb, hatte Verbindungen zu Thomas Mann oder Else Lasker-Schüler, zu verschiedenen Zeitungsredaktionen.

Bereits während ihrer Schwangerschaft hatte Marie Luise die Arbeit an einem Roman begonnen, *Nidda*. Die Heldin der Geschichte trennt sich von ihrem Geliebten mit der Begründung: »Auch Frauen haben eine ›höchste Hoffnung‹, einen Traum der Lebensgestaltung und Führung und der Gestaltung des eigenen Ichs. Und wir müssen den verlassen, der uns nicht helfen kann, sie zu verwirklichen.« Zwar beendete Marie Luise die Geschichte 1929, bot sie jedoch keinem Verlag an. Der Roman sei misslungen und unreif, meinte sie, war niedergeschlagen und schimpfte, die darauf verwendete Zeit sei vergeudet. Der Autor Otto Zoff, ein Freund von Marie Luise und Guido, hatte das Manuskript zuvor sehr kritisch beurteilt. Doch wieder war es Guido, der nach vorne blickte. Er war zuversichtlich, dass sich der Erfolg noch zeigen würde, und versuchte sie zu bestärken: »Ich habe immer den Eindruck gehabt, dass das Schaffen in Dir etwas mehr bedeutet als das Streben nach einem momentanen Erfolg. Gerade deshalb wirst Du weiter arbeiten und Dich durchsetzen, davon bin ich fest überzeugt! Denn darin zeigt sich ja auch die Berufung, in der Kraft zum Durchhalten. Du hast jetzt lange an *Nidda* gearbeitet und hast nun natürlich den Eindruck als ob die ganze Zeit verloren gewesen sei. Nichts falscher als das! Nichts ist verloren! Alles irgendwie Schöpferische in dieser Arbeit wird wieder auftauchen und einem anderen Werk zugute kommen!« Diese Worte taten ihr gut. Und als Max Tau, der Lektor, ihr nach der Veröffentlichung der Erzählungen riet, es doch noch einmal mit einen Roman zu probieren, kam ihr Ehrgeiz durch. Unbedingt wollte Marie Luise beweisen, dass sie eine Geschichte auch in längerer Form ausarbeiten konnte.

Also fasste sie neuen Mut und begann abermals die Arbeit an einem Roman. Sie konzipierte die Geschichte, entwickelte die Dramaturgie, feilte an den Dialogen, formulierte, verwarf, formulierte neu, neben sich die spielende Tochter Iris. Marie Luise kam in Kontakt mit Elisabeth Ihle, einer Übersetzerin und Mitarbeiterin des Cassirer Verlages. In ihr fand sie eine Vertraute, mit der sie sich über das Schreiben austauschte und auf deren Rückmeldung sie viel Wert legte: »Noch ehe ich Ihren Brief las, war ich zu der Erkenntnis gekommen, was in den kurzen Arbeiten möglich ist, kann eine breiter ausgesponnene Erzählung nicht tragen. Es wirkt, wenn ich mich drastisch ausdrücken soll, wie eine trübe Sauce, in der die unglücklichen schattenhaften Menschen ihrem unglücklichen Ende zu schwimmen. [...] Es ist mir in der Tat nicht gelungen, den Menschen klare Kontur zu geben. [...]« Und nun? Redigieren, ganz neu anfangen oder es doch lieber bleiben lassen? Marie Luise war entmutigt, dieses Auf und Ab nervte sie.

Iris war nun zwei Jahre alt. Es fiel Marie Luise schwer, Haushalt, Kinderbetreuung und Arbeit zu vereinbaren,

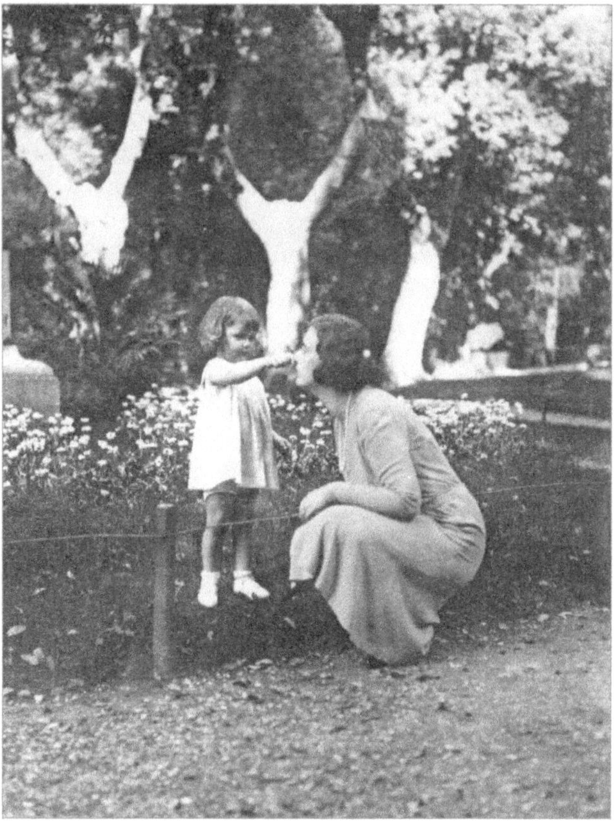

»Und da brauche ich oft lange Zeit, bis ich mich ganz vom Tag abgewendet und in die andere Welt gefunden habe.«
Marie Luise Kaschnitz mit ihrer Tochter Iris
im Park der Villa Borghese, 1930

sich Freiräume für das Schreiben zu schaffen: »Am liebsten reise ich ein paar Wochen ganz allein irgendwohin, um zu arbeiten. Aber das ist ganz unmöglich und da muss es auch so gehen. Nur sehr langsam. Denn ich kann eigentlich nur am Abend arbeiten. Und da brauche ich oft lange Zeit, bis ich mich ganz vom Tag abgewendet habe und in die andere Welt gefunden habe«, berichtete sie Elisabeth Ihle. Noch weniger Zeit und Ruhe für das Schreiben blieb ihr, wenn »die alte Bambinaia«, die Kinderfrau, krank war.

Doch die Rückmeldungen Elisabeth Ihles waren konkret und konstruktiv, sodass Marie Luise ihren Text entsprechend überarbeiten konnte. Schon bald war sie wieder motiviert, hatte Spaß am Schreiben und meldete Elisabeth Ihle: »Ihre kritischen Aufsätze zu lesen war eine große Freude. Sie sind so himmelweit entfernt von der üblichen Literaturkritik durch das Verstehen des Wesentlichen und die immense Anteilnahme.«

Marie Luises Ehe mit Guido war harmonisch, liebevoll, eng. Allerdings führten die große Leidenschaft Guidos für seinen Beruf, sein Ehrgeiz und Eifer mitunter zu Missstimmung. Priorität hatte stets seine Arbeit: Jede gemeinsame Reise wurde zur Studienfahrt, nie waren es richtige Ferien. Endlose Räume voller Vasen, Scherben und Töpfe, wichtige Bronzen hier, einzigartige Statuen und Sarkophage dort. Anfangs neugierig, später mit müden Beinen und überdrüssig, ließ Marie Luise sich von Guido mitziehen. Im Palazzo Taverna lebten sie inzwischen nicht mehr, sondern an der Piazza Mazzini im Prati. Gerne gingen sie zur Piazza Cavour, »um Zeitungen zu kaufen, Campari Soda zu trinken und Filme zu sehen, [...] dort, hinter dem pomphaften und düsteren Justizpalast, wehte dann eine eigene Luft, nichts von Geschichte und Kunstgeschichte, dafür das Leben des Alltags, das von Zeitungsverkäufern ausgeschrien und von einer immer zahlreichen Menschenmenge diskutiert wurde, Essen und Trinken, Frauen und Geschäfte, Verbrechen und Politik.« Häufig machte die Familie auch ausgedehnte Spaziergänge in die *Campagna*, das ländliche fruchtbare Umland, das direkt hinter den Neubauten begann. Durch das Oleanderdickicht, vorbei an dürren Pinien und Hecken wilder Rosen, an Schafweiden, an kleinen Brücken und antiken Aquädukten, mit Blick auf die Albaner Berge.

Ihr neues Zuhause, siebter Stock, war schick: »Unsere Wohnung war von einer anderen Wohnung abgetrennt, ihr Glanzpunkt war ein riesiges, nickelblitzendes Badezimmer, neben einem winzigen Wohnzimmer lag ein kleines Schlafzimmer, draußen die große Terrasse, von der aus man die Kuppel von St. Peter über den Dächern schweben sah. Mein Mann ging ins Institut, in den Vatikan arbeiten, das Kind konnte schon laufen, schob sein bunt bemaltes Holzauto auf der Terrasse hin und her. An meiner Hand oder an der einer uralten Römerin trippelte es durch die Anlagen, wobei es *nonna* und *bella luna* als erste italienische Worte begeistert wiederholte. Es war das Jahr 1931, Hitler wurde von uns immer noch nicht ernst genommen, wir wollten nach Deutschland zurück.«

Wieder zurück? Dabei ging es ihnen doch gut in Italien! Doch Guido habilitierte sich an der Universität Freiburg und erhielt dann einen Ruf der Universität Königsberg in Ostpreußen. Nun hieß es also Abschied nehmen von Rom, wider Willen: »Diese Stadt hat eine zauberhafte Macht, auch für den unhistorischen Menschen, und, wer dieser Macht unterlegen ist, kann sein Rom schwer nicht verlassen, wenigstens nicht so lange jede Aussicht auf ein Wiederkommen fehlt«, schrieb Marie Luise an Elisabeth Ihle. Vieles geriet gerade in Aufruhr, im Leben von Marie Luise und Guido, in Deutschland, in ganz Europa.

Die Nationalsozialisten erlebten einen starken Zulauf, die politische Stimmung heizte sich immer weiter auf. Diese Entwicklungen verfolgte man in Italien, wo nun seit fast zehn Jahren Mussolini und seine Faschisten an der Macht waren, aufmerksam. Edith, die Frau des Institutsleiters Ludwig Curtius, die über die politische Richtung der Eltern Holzing-Berstett Bescheid wusste, fragte Marie Luise im Mai 1932: »Wie ist den Eltern nach dem ›Wahlsieg‹ zumute? Ist Mama jetzt fanatische Hitlerianerin, – oder bleibt sie noch gemäßigt?« Neben der Mutter setzte auch der Vater auf das »Dritte Reich«, in der Hoffnung auf einen Neuanfang für Deutschland. Zu groß war für ihn, den Offizier, die Demütigung nach dem Ersten Weltkrieg gewesen. 1936 sollte er für die Reiter-Wettkämpfe der Olympiade verantwortlich sein. Trafen sich Guido und die Schwiegereltern, prallten die unterschiedlichen Meinungen über die gegenwärtige Politik aufeinander.

Die bedrohliche Atmosphäre, der anstehende Umzug und Guidos immenser Arbeitseifer – das alles kreiste durch Marie Luises Kopf, während sie versuchte, sich auf ihr Romanprojekt zu konzentrieren.

»Liebe beginnt«

Lektor Max Tau an Marie Luise Kaschnitz, 15. Mai 1933
»Liebe Freundin, zwar habe ich noch 20 Seiten zu lesen, aber ich muss Ihnen doch schreiben. Ich kann Ihnen, Gott sei Dank, ganz ehrlich und aufrichtig sagen: Sie haben etwas geschaffen, was mir eine ganz grosse innere Freude gemacht hat. [...] Die Behutsamkeit und geistige Losgelöstheit möchte ich, wenn man nun durchaus literarisch sprechen will, nur mit der Art Hans Carossas vergleichen, selbstverständlich und Gott sei Dank ins Lebendig-Frauliche übertragen, in allem eigen und in allem neu. Ich bitte nur: schaffen Sie weiter! Dann schenken Sie uns ein schönes und beglückendes Buch. Ich habe keinerlei Bedenken und bin noch so froh unter dem ersten Eindruck, dass ich nicht einmal Änderungsvorschläge habe. Aber auch wenn solche noch kommen sollten, werden sie nur deshalb gemacht werden, weil das Bessere der Feind des Guten ist. Ich bin nicht nur froh, sondern auch stolz auf Sie. Denn ich hatte mit Zoff [gemeint ist der langjährige Freund der Familie Kaschnitz, Otto Zoff. Er war im Literatur- und Kulturbetrieb stark vernetzt.] gewettet, dass Sie noch in diesem Jahr den Roman schreiben würden, den Sie nun tatsächlich vollenden werden. Und da wir ja alle Kinder sind, bin ich natürlich eitel und frechfroh, recht behalten zu haben. Mit herzlichsten Grüßen, Ihr Max Tau«.

Marie Luise Kaschnitz an Elisabeth Ihle, 5. Juni 1933
»Ich kann Ihnen nicht sagen, wie verwundert und freudig erstaunt ich bin, dass nun auch Sie von meinem Buch berührt worden sind – [...] Sie sind die erste Frau, die es gelesen hat, und Sie können sich vorstellen wie froh ich war, als ich in Ihrem Brief las: es sei etwas vielen Frauen Wichtiges unpersönlich dargestellt. Man weiß ja beim Schreiben selbst kaum was man will, es wächst so unter den Händen, wenigstens diesmal war es so – ich schrieb und schrieb und hatte keine Kritik, nicht einmal das feste Bewusstsein: diesmal wirds etwas – für all das war sozusagen keine Zeit. Und nun lese ich aus Ihrem Brief und aus Max Taus Briefchen das ›Ja‹ – und das ist eine große große Freude.«

Letztlich äußerte sich auch Verleger Bruno Cassirer positiv. Und dann musste im Juli 1933 plötzlich alles ganz schnell gehen, die Zeit drängte:

BITTE SOFORT NACH BERLIN KOMMEN DA ROMANAENDERUNGEN BIS MORGEN ABEND FERTIG SEIN MUESSEN ERWARTE ANKUNFTZEIT UND TITELVORSCHLAG TELEGRAPHISCH TAU

»Der Roman deutet, ohne stofflich der Aktualität zu verfallen, das tiefere Geschehen unserer Zeit, die nach neuer Lebensform verlangt«, kündigte der Verlag an. Das Romandebüt von Marie Luise Kaschnitz erschien im Sommer als Vorabdruck in der *Vossischen Zeitung*, anschließend im Verlag Bruno Cassirer. Zur selben Zeit landeten in Deutschland die Bücher von Erich Kästner und Heinrich Mann in den Flammen, Werke von

Sigmund Freud und Kurt Tucholsky wurden verbrannt, die Bücher von Irmgard Keun verboten. Hitler war seit einem knappen halben Jahr Reichskanzler.

Liebe beginnt, der Titel des Romans, mag auf eine klassische Liebesgeschichte hindeuten. Es geht um Eifersucht, Abhängigkeiten und unterschiedliche Vorstellungen vom Zusammensein. Doch vielmehr erzählt der Roman den inneren Prozess einer Frau, die sich gegen ein traditionelles Beziehungsmuster auflehnt. Im Fokus steht ein junges unverheiratetes Paar, Silvia und Andreas. Marie Luise erzählte in der Ich-Form, aus Sicht Silvias. Während einer Reise durch das faschistische Italien treten heftige Konflikte zwischen den beiden an die Oberfläche. Andreas ist Kunsthistoriker, er geht – fast schon besessen – völlig in seiner Arbeit auf, und Silvia erlebt ihn als stark überlegen. Sie, die sich unbeachtet, von ihm abhängig und lediglich als seine Begleiterin fühlt, gerät in eine gefährliche Spirale aus Verbitterung und Zorn – bis hin zu einem Mordversuch an Andreas. Doch vor allem durch seine Reaktion gelingt ihr eine Veränderung, sie sortiert sich, wird selbstbewusster, und es beginnt ein neues Verhältnis zwischen den beiden.

»Ich habe mit einem Roman angefangen, bei dem ich biografische Erlebnisse und Empfindungen stark übertrieben und zum Teil verfälscht habe, um die Gegensätze und Spannungen in dieser Liebesgeschichte zu vertiefen«, erklärte Marie Luise später. Und weiter: »Das sollte ein Liebesroman sein.« Die Parallelen zur Gegenwart und zu den Eheleuten Kaschnitz sind offensichtlich. Marie Luise beschrieb den Wunsch nach Selbstverwirklichung und Eigenständigkeit. Forderungen, die in der Unterhaltungsliteratur der Zwanzigerjahre zu finden sind, etwa bei Autorinnen wie Irmgard Keun oder Vicki Baum – von ihnen allerdings viel deutlicher formuliert als von Marie Luise.

Auch der Bezug zur politischen Realität ist vorhanden, etwa wenn Andreas Vergleiche zwischen der Heimat und dem Reiseziel zieht: bedrohliche Stimmung überall, konforme Menschenmassen. »›Bei uns‹, sagte Andreas mit fester Stimme, ›wird alles bald ebenso sein wie hier. Ich kann da nicht mitmachen.‹ […] Plötzlich hatte ich ein verschwommenes Bild vor den Augen, und von Sekunde zu Sekunde wurde es klarer. Ich sah eine unendliche Menge von Menschen, die im Takt gingen, im Takt sangen und die Hand erhoben zum selben Gruß. Ich sah auch Andreas und mich selbst, wir standen nicht weit entfernt, aber allein.«

Marie Luise war jetzt zweiunddreißig Jahre alt, Ehefrau und Mutter. Sie war ihrem Ziel näher gekommen und hatte endlich ihren ersten Roman veröffentlicht. Einen Roman, der so persönlich geworden ist. Und gleichzeitig, wie sie es an Elisabeth Ihle schrieb, »unpersönlich« genug, sodass sich viele Frauen darin wiederfinden konnten.

Nicht nur Lektor Tau und Verleger Cassirer waren begeistert, auch die öffentliche Kritik fiel zunächst positiv aus. Ricarda Huch war »bezaubert vom Charme des Romans« und Literaturnobelpreisträger Thomas Mann meldete sich persönlich: »Ein reines und feines Werk«. Er wünschte der Autorin »Freiheit und Heiterkeit der Seele zum Weiterarbeiten.« Der enge Familienfreund Ludwig Curtius lobte Ausdruck und Aufbau, das Autobiografische gefiel ihm hingegen nicht: »Da ich

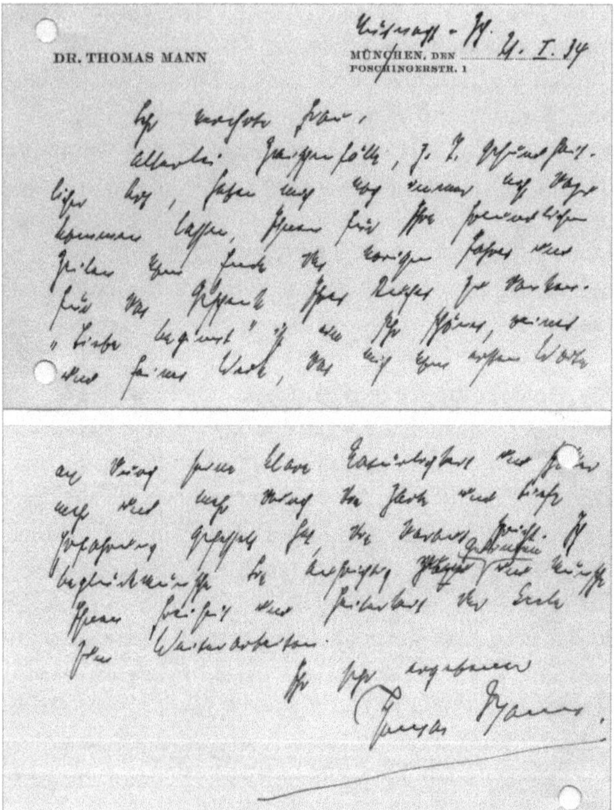
DR. THOMAS MANN

MÜNCHEN, DEN

POSCHINGERSTR. 1

»Ein reines und feines Werk.«
Thomas Mann über »Liebe beginnt« an
Marie Luise Kaschnitz am 31.1.1934

Euch Beide so gut kenne, so habe ich den Roman natürlich gar nicht anders lesen können [...]. Ich habe das Buch mit der gleichen Lebensangst gelesen, ja mit einem gewissen Drucke, der immer zum Schicksal von Menschen gehört, die man genau kennt und deren Peripetie man begleitet. Die wahre, die große Poesie beginnt aber erst, wo das individuelle Schicksal aufgelöst erscheint in ein allgemein Typisches.«

Im Juli 1933 überwies Bruno Cassirer Marie Luise als Honorar für den Roman zweitausend Reichsmark und berichtete anschließend regelmäßig die Verkaufszahlen. Die waren allerdings ernüchternd: 1934 verkauften sich pro Quartal zwischen 83 und 229 Exemplare des Romans. Marie Luise war enttäuscht und konnte es nicht glauben – die Rezensionen waren doch gut! Der Ton zwischen ihr und der Verlagsangestellten Asta Smith wurde harscher: Machte der Verlag etwa nicht ausreichend Werbung? Asta Smith berichtete im Februar 1934, sie habe die Besprechung des Romans angemahnt und dass die Buchhändler in den Schaufenstern besser auf die Auslagen achten sollten. Der Verlag plante eine Anzeige in der Frauen- und Kulturzeitschrift *Die Dame*.

Letztlich war der Roman auch ein Opfer der Zeit. Die Weimarer Republik war gescheitert, das Bild der unabhängigen Frau passé. Man interessierte sich jetzt nicht mehr für ein fortschrittlicheres Verständnis der Rollen in einer Beziehung. *Liebe beginnt* geriet schon bald in Vergessenheit. Marie Luise tat später nichts, um ihren ersten veröffentlichten Roman bekannter zu machen, zu groß war die Enttäuschung über den Misserfolg. Und doch gelang ihr, der Wissenschaftler-Gattin, mit diesem Buch, worum sich ihre Protagonistin Silvia bemühte: berufliche Eigenständigkeit und ein neues Selbstbewusstsein innerhalb ihrer Beziehung. Lange Zeit galt der Roman als verschollen, erst 1981 wurde er neu verlegt.

Inzwischen wohnte die Familie Kaschnitz in Königsberg, Ostpreußen, Guido war dem Ruf der dortigen Hochschule gefolgt. Und gerade jetzt, während sich die Stimmung im Land immer stärker zuspitzte, ging die Zusammenarbeit zwischen dem jüdischen Verlag Bruno Cassirer und Marie Luise auseinander.

»Das andere hielt uns aufrecht …«

Nach der unbeschwerten Zeit im mediterranen Süden fühlte sich Ostpreußen für Marie Luise zunächst wie »eine Verbannung« an. Ihrer Freundin Elisabeth Ihle schrieb sie: »Obwohl mich eine Zeitung als ›junge ostpreußische Dichterin‹ pries, muss ich doch sagen, dass dies kein Land für mich ist – die Kargheit reizt mich nicht u. der preußische Geist erhebt mich nicht«. Sie sei nicht in »großer Fahrt«, was größtenteils daran liege, »dass man so schwer an den Zeitdingen vorbei zu den rein menschlichen gelangen kann«.

1934 gewann Marie Luise den Lyrik-Wettbewerb des Magazins *Die Dame*. Unter rund 15.000 Einsendungen wurde ihr Gedicht *Die Wellen* ausgezeichnet. Ein großer Erfolg, vor allem nach der durchwachsenen Resonanz auf *Liebe beginnt*, 1000 Reichsmark Preisgeld gab es. Marie Luise kaufte sich davon ihr erstes eigenes Auto, einen Opel P4. Am liebsten fuhr sie selbst.

Dass sich *Liebe beginnt* zuvor nicht allzu gut verkauft hatte, mag zum einen am Inhalt gelegen haben, daran, dass Marie Luise den Zeitgeist verpasst hatte. Doch der wesentliche Grund war die Kulturpolitik der Nationalsozialisten. Bereits 1933 standen Titel des jüdischen Verlags Bruno Cassirer auf den »Schwarzen Listen«, der Grundlage der Bücherverbrennungen. Ab 1934 wurde offen in dessen Programm eingegriffen, einige Bücher durften nicht mehr erscheinen, andere nur mit entsprechenden Streichungen. Der Handel wurde unter

Druck gesetzt, Werke jüdischer Verlage sollten nicht mehr vertrieben werden. Trotz der großen Schwierigkeiten, die eigenen Bücher zu verkaufen, unterschätzten Bruno Cassirer und Lektor Max Tau die Gefahr sowohl für sich persönlich als auch für den Verlag. 1936 wurde ihnen die Verlagslizenz entzogen. Dass die beiden um ihr Leben fürchten mussten, begriffen sie fast zu spät.

Auch Marie Luise erkannte nicht, unter welchem Druck ihr Verlag stand. Sie war in erster Linie enttäuscht und sah nur die schlechten Verkaufszahlen von *Liebe beginnt.* Daher hatte sie das Manuskript ihres nächsten Romans *Elissa* unter Vorwänden zurückgehalten und heimlich einem anderen Verlag angeboten – obwohl sie noch bei Bruno Cassirer unter Vertrag stand. Der Verleger war erbost über ihr Verhalten, konnte aber zu diesem Zeitpunkt nichts mehr ausrichten.

Guido und Marie Luise hatten im abgeschiedenen Königsberg auf ein ruhiges Leben fernab der politischen Spannungen gehofft. Doch die Realität sah anders aus: In der Straße, in der sie wohnten, gab es viele Fenster voller Hakenkreuzflaggen. Und einmal, als sie von einem Ausflug nach Masuren zurückkehrten, hatte man in der Zwischenzeit auf dem Dach gegenüber die erste Luftschutzsirene aufgebaut, die sie mit ohrenbetäubendem Heulen empfing. Trotzdem, den Ernst der Lage nahmen sie nicht wahr: »Wir waren für ostpreußische Begriffe ›links-liberal‹ und fühlten uns als Europäer [...]. Unser Glaube an die Möglichkeit eines friedlichen Zusammenwirkens der Völker ließ uns die drohende Gefahr nicht in vollem Umfang erkennen. Aus einer Art von intellektuellem Hochmut hatten wir zu Beginn des Jahres 1933 das bereits 1926 erschienene Buch

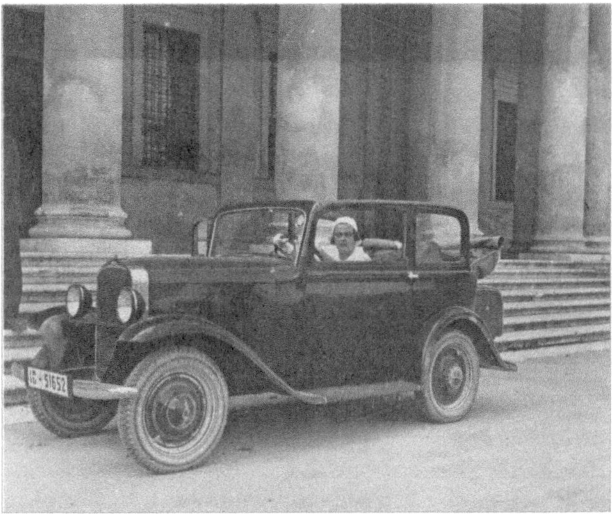

Vom Preisgeld des Lyrik-Wettbewerbs kaufte sich Marie Luise Kaschnitz 1934 einen Opel P4.

Mein Kampf noch nicht gelesen, in dem doch schon alles darin stand, was Hitler vorhatte, und das ein Ausdruck seiner Menschenverachtung war.« Guido, der in einem liberalen Elternhaus aufgewachsen war, hegte, seit er Hitler 1921 bei einer Veranstaltung in München erlebt hatte, eine tiefe Abneigung gegen die Nationalsozialisten. An der Universität gehörte Guido zu den wenigen, die weiterhin mit jüdischen Kollegen verkehrten. Die Konsequenz für ihn in den folgenden Jahren: erschwerte berufliche Perspektiven. Wegen »destruktiver weltanschaulicher Haltung« lehnte ihn die Berufungskommission der Universität Freiburg für einen Posten ab.

Seit 1933 wurden zunehmend öffentliche Ämter mit Mitgliedern der NSDAP besetzt, auch an der Universität Königsberg gab es Anweisungen, jüdische Professoren und Dozenten durch linientreue Kollegen auszutauschen. Gemeinsam mit wenigen anderen Wissenschaftlern protestierte Guido dagegen. Marie Luises Sicht auf diese Zeit: »Natürlich ist es nicht wahr, dass wir nichts gewusst haben, dieses und jenes hat man wohl gehört«, gab sie zu. Geschichten vom brutalen Umgang mit Regimegegnern wurden gezielt zur Abschreckung erzählt. »So geht es dir, [...] wenn du beim Vorbeimarsch der SA ein schiefes Gesicht ziehst, wenn du dein Kind die völkischen Lieder nicht lehrst. [...] Kleine Warnungen, kleine Mahnungen und schlaflose Nächte. Ich, von Natur aus feige und mit einer quälenden Vorstellungskraft ausgestattet, hielt den Mund«, blickte Marie Luise auf diese Zeit. Das geistige Überleben stand für sie und Guido im Fokus: »Eine wissenschaftliche Erkenntnis, eine gelungene Verszeile konnten nach meiner damaligen Auffassung die Welt verändern, verbessern, das war unsere Art von Widerstand, eine, die uns zu Volksfremden machte, zu Verrätern schlechthin.«

Trotz der Nachrichtenlage und der konkreten Situation vor Ort – nach und nach lebte sich die Familie in Königsberg ein. Marie Luise entdeckte schließlich die Schönheit dieser Landschaft für sich, die so anders war als die italienische: »Ein Land ohne Wein, ohne Nussbäume, Kastanien und Platanen [...]. Das blendende Märzlicht, die schmelzenden tropfenden Eiszapfen zwischen Winter und Winter [...]. Dann der kurze heftige Sommer, Jasmin, Flieder, Tulpen und Rosen, alles auf einmal in Blüte und schon der Frucht zutreibend, die Johannisbeeren schon rot und schwarz. [...] Die jungen Pferde auf den Koppeln, und hinter den Buchenwäldern der lange weiße menschenleere Strand.« Mit Iris verbrachte Marie Luise jetzt viel Zeit draußen und genoss die Natur, ging Pilze sammeln, erkundete die Moorlandschaft. Sie beschäftigte sich nun etwa mit der Zusammensetzung von Wasser und von Wolken, oder mit den Flugformationen der Kraniche. Sie kam zur Ruhe, und allmählich konnte sich Marie Luise wieder gut auf das Schreiben konzentrieren, hatte neue Ideen. Die Jahre in Königsberg erwiesen sich – anders als anfangs befürchtet – als eine sehr produktive Zeit: Marie Luise schrieb zahlreiche Gedichte voller Naturmotive, arbeitete an ihrem neuen Roman *Elissa* und begann eine Geschichte, *Der alte Garten*. Dieses Naturmärchen hatte sie für Kinder konzipiert, doch bis 1940 sollten sieben Verlage das Manuskript zurückschicken: »›weil es dem Geschmack des Kindes zu wenig entgegenkomme‹, und ›weil es in jeder Beziehung ungewöhnlich sei‹«, notierte

Marie Luise in ihrem Tagebuch. »Ich war sehr enttäuscht und herabgestimmt. Ich hatte immer mit aller Zuversicht geglaubt, gerade dieses Buch werde den Menschen gefallen und ein sicheres Gefühl über den Wert gehabt.« Veröffentlicht wurde *Der alte Garten* erst 1975.

Guidos nächste berufliche Station: ein Lehrstuhl in Marburg. 1937 zog die Familie dorthin, sie wohnte zwischen Waldrand und Lahn. Marie Luise empfand Marburg als eng und still, zum ersten Mal sollten sie in einer Kleinstadt wohnen. »Es fehlte mir die Weite der östlichen Landschaft, die meiner Naturlyrik einen so starken Auftrieb gegeben hatte.« Königsberg, das sie anfangs als Einöde wahrgenommen hatte, schnitt rückwirkend gut ab. Doch auch in Marburg fand die Familie schnell Freunde, abends trafen sie sich mit Gleichgesinnten. Einer von ihnen parodierte Hitler, erinnerte sich Marie Luise: »Wie sie mir noch in den Ohren klingen, die täuschend nachgeahmten Sätze, die unheimlich stimmenden Argumente, dem Führer aus der Seele gesprochen von einem, der ihn hasste.«

Bis zum Ausbruch des Zweiten Weltkrieges verbrachten Marie Luise und Guido jedes Jahr mehrere Monate in Italien. Etwa im Herbst 1937 reisten sie an die Amalfiküste: »Auf der Hinfahrt einen Tag in Capri, wo es von Deutschen wimmelte. […] Niedere weiße Mauern und dahinter die schönsten Gärten, Zitronen, Orangen, Feigen und Wein. […] Gegen Abend saßen wir auf der Piazza, die einen lebhaften, immer wechselnden Anblick bot. Fremde in abenteuerlichen, wenig glücklichen Ferienverkleidungen, einheimische vom Ort subventionierte Schau-Gestalten, wie der berühmte alte Fischer mit der roten Schärpe und unscheinbare

Capresen, die auf den Stufen der Kirchentreppe hockten, Esel, Hunde und Katzen, alles vor den hübschen Häusern, Torbogen und einer steilen Kirchenfassade, wie von einer hübschen, etwas unechten Theaterdekoration umschlossen.«

Dann fuhren sie weiter, die Küste entlang, Positano, Ravello, Maiori, mit Blick auf das tiefblaue Meer. Sie besichtigten uralte Wachtürme und Klosteranlagen, die an Serpentinenstraßen lagen. »Guido ist glücklich in solcher Umgebung, da erst die Verbindung von Geschichte und Gegenwart ihm eine Landschaft, einen Ort vertraut und reizvoll macht.« Jeden Tag gingen sie baden, sie hatten eine kleine Bucht entdeckt, wo sie ganz alleine waren: »In der Felsspalte zogen wir uns aus und wieder an, zwischen dem Ausziehen und Anziehen lag der lange Vormittag, das ferne Vorüberziehen eines bestimmten Küstendampfers zeigte sein Ende an.«

In Rom – natürlich mit einem Zwischenstopp in Pompeji – erlebten sie ein völlig verändertes Stadtbild. »Ein großer, erschreckend schmerzlicher Eindruck: die Niederlegung des Borgos in der Città Vaticana. Wenn man über die Engelsbrücke kommend um die Ecke biegt, hat man einen wüsten, erstaunlich kleinen, keilförmigen Platz vor sich, an dessen Ende sich die Peterskirche auf die unglücklichste Weise zeigt – während man früher von den kleinen Gässchen so lange in Enge und Dunkel zurückgehalten wurde, bis man, hervortretend, nun schon auf dem eigentlichen Platz stand und nicht nur die Fassade, sondern auch die ganze Rundung der Kolonnaden, die ansteigende Treppe und die zur Seite aufragenden Gebäude des Vatikanischen Palastes mit *einem* Blick umfasste.« Wovon Marie

Luise hier berichtete, war ein radikales Umbauprojekt Mussolinis: Für die Via della Conciliazione riss man mehrere Gebäude eines der ältesten Wohnviertel Roms zwischen Engelsburg und Petersdom ab. Die Bewohner wurden zwangsumgesiedelt.

Marie Luises Blick auf die katholische Kirche war bereits zu diesem Zeitpunkt kritisch: »Überall eilige von Priestern in wehenden Röcken angeführte Pilgerscharen. Vom Eingang der Vatikanischen Museen bis zur Piazza Risorgimento eine einzige Schlange. 10.000 Besucher an einem Tag. Jeden Nachmittag bringt der Custode ¾ Mill. Lire in die Direktion. Es scheint jedoch unmöglich, für die Arbeiter des Museums auch nur die kleinste Gehaltserhöhung durchzusetzen.«

In Rom trafen sie die alten Freunde und Freundinnen wieder: die Archäologin Spinni, den Buchhändler Cesare Olschki, die Familie Curtius. »Strahlendes Oktoberwetter mit dunkelblauem Himmel, schwarzen Steineichenschatten in der Villa Borghese und einem Goldglanz auf allem Travertin, ich war wieder vollkommen hingerissen« – der Abschied von den Freunden und von der Stadt fiel Marie Luise schwer.

Zurück in Deutschland holte die politische Gegenwart sie erschreckend schnell ein. November 1938, Reichspogromnacht: »Tage der tiefsten Niedergeschlagenheit, Scham und Trauer.« Ein Jahr später, Ende August 1939: »Drückend schwüle Tage voll von Angst und Erwartung, von Erinnerungen an die Kindheitserlebnisse 1914, von Zukunftsbildern. Große Stille, keine Flieger, wenig Autos, aber Züge, Züge, fast ununterbrochen, schrill pfeifend. Man kann nichts tun, nichts denken, nichts fühlen als nur das eine: keinen Krieg!«

Marie Luise, die Trümmerdichterin

Während des Zweiten Weltkrieges zog die Familie Kaschnitz 1940 weiter nach Frankfurt am Main, in die Wiesenau. Lieber wieder in eine Großstadt. Oper und Palmengarten, Universität und Bahnhof: alles nicht weit. Als im Laufe des Krieges die Gefahr der Luftangriffe zu groß wurde, mieteten sie sich 1944 kurzzeitig in Kronberg im Taunus ein. Marie Luise und Guido waren jedoch weiterhin häufig in der Stadt, und Iris, mittlerweile fünfzehn Jahre alt, ging dort zur Schule. Einmal, als die Frankfurter Innenstadt bombardiert wurde, geriet Iris in das Durcheinander aus Sirenengeheul und Feuer, Rauch und Ruinen. Große Angst: War die Tochter unter die Trümmer des Hauptbahnhofs geraten? Panisch vor Angst suchte Marie Luise den ganzen Tag über nach ihr. Iris hatte Glück: Sie hatte es rechtzeitig geschafft, sich vom Bahnhof zu entfernen, und blieb unverletzt.

»Lieber überleben, lieber noch da sein, weiter arbeiten, wenn erst der Spuk vorüber war. Wir sind keine Politiker, wir sind keine Helden, wir taten etwas anderes. Das andere hielt uns aufrecht, ihn die Wissenschaft, die Geschichte der mittelmeerischen Strukturen, mich die Nacherzählung griechischer Mythen, meine Gedichte, später das von mir neu erzählte Leben des französischen Malers Gustave Courbet.« Trotz Papierknappheit konnte Marie Luise ihre Idee, einige Gestalten der griechischen Mythologie zu beschreiben, umsetzen:

Griechische Mythen erschien 1943. Vermutlich nahm man an, der Band enthalte griechische Heldensagen, er wurde gar als kriegswichtig eingestuft. Marie Luise hatte jedoch keine kämpferischen Helden ausgewählt, sondern in erster Linie Mythen von Frauenfiguren. Die Courbet-Biografie markierte einen Wendepunkt in Marie Luises Werk, allmählich verschwanden Motive der Antike und der Natur aus ihrer Arbeit, sie setzte sich von nun an stärker mit ihrem Verhältnis zur Gegenwart und Zukunft auseinander: »Die Politik als Schicksal, der Mensch im Räderwerk historischer Ereignisse, der Mensch überhaupt«.

Mai 1945: »Freude, nichts als Freude, keine Trauer über Deutschlands Untergang, gute Laune alle Tage, trotz Hunger, Angst vor Plünderungen und Obdachlosigkeit von Zeit zu Zeit.« Die letzten Kriegsmonate hatte die Familie Kaschnitz in Bollschweil verbracht. Bei ihrer Heimkehr fanden sie ein Frankfurt in Schutt und Asche vor. Endlose Häuserzeilen, das Opernhaus, die Paulskirche, der Hauptbahnhof, die Altstadt: alles zerstört.

Diese Bilder, dieses Gefühl von Sinnlosigkeit und Ohnmacht, verarbeitete Marie Luise in dem Zyklus *Rückkehr nach Frankfurt*, der sie international bekannt machte. Als *poetessa delle macerie*, als *Trümmerdichterin*, bezeichnete sie daraufhin der italienische Germanist Glauco Cambon. »Einen Augenblick lang hatte mir das fast missfallen, weil mir schien, dass auch in meinen Kriegs- und Nachkriegsgedichten weniger das Chaos als die Sehnsucht nach einer neuen Ordnung wesentlich seien.« Diese Sehnsucht wird sie auch in den bis Anfang der Fünfzigerjahre erscheinenden Werken ausdrücken.

Mit einem Gespür für die Stimmungen dieser unmittelbaren Nachkriegszeit versuchte sie im Zusammenbruch auch die Möglichkeiten des Neuanfangs und der Veränderung aufzuzeigen.

In den Zwanzigerjahren hatte Marie Luise Rom als beschauliche, klassisch-romantische Stadt erlebt und beschrieben, fasziniert von der allgegenwärtigen Geschichte. Bis auf das skizzierte politische Umfeld im Roman *Liebe beginnt* hatten ihre Rom-Texte bisher keinen direkten Bezug zur Gegenwart gehabt. Das änderte sich jetzt: Mit den Erfahrungen der vergangenen Jahre blickte Marie Luise nun ganz anders auf die Ewige Stadt. Im Essay *Rom* von 1946/47 unternahm sie eine Art imaginäre Bestandsaufnahme: Sie zeichnete einen Rundgang durch ihr vertrautes Rom nach, entlang der historischen Gebäude und Plätze. Zunächst Erleichterung: »Das ewige Rom ist in den Stürmen des letzten Krieges nicht untergegangen, das magische Wort hat seine Wirklichkeit nicht verloren. Wieder durchfahren Züge im rosigen Morgenlicht die Campagna, wieder empfängt die Stadt den Ankommenden mit ohrenbetäubendem Lärm ihrer Straßen und der schweigenden Größe ihrer Bauwerke, mit der erdrückenden Last der Vergangenheit und dem belebenden Herzschlag ihres Tages. Es ist noch alles da.«

Doch anschließend benannte sie genau diesen Aspekt als irritierend: Wie konnte Rom so unverändert und geradezu normal sein, »ungetroffen von dem furchtbaren Schatten des Niewieder«, während in Deutschland ganze Städte völlig zerstört waren? Fast verbittert klingt ihr Resümee: »Die Tage, an denen man noch umherstreifen konnte, dürstend nach Schönheit und

Erkenntnis, sind vorbei. Die Italiensehnsucht der Deutschen ist erloschen, die junge Generation sucht auf anderen Wegen, in anderen Erdteilen jene Erlösung von der Schwere und Ungefügigkeit des deutschen Wesens, die noch Goethe in Italien fand.« Das Rom, das Marie Luise kannte, ließ sich nur noch schwer fassen. Eine Herausforderung für sie, ihre persönlichen Erinnerungen, die Gegenwart und ihr kulturgeschichtliches Wissen über die Stadt in Einklang zu bringen. »Es ist, als rücke der Strahl des Lichtes, der so lange auf diesem Kontinent lag, langsam fort und lasse ihn in geschichts- und gestaltloser Öde zurück. [...] Aber dennoch scheint es manchmal, als gehe von diesem in der Weltgunst und Weltliebe erlöschenden Europa, von diesem Rom, noch ein Licht aus [...], das die Wehmut des Abschieds in sich schließt, aber auch die Hoffnung auf einen neuen Tag.« Das Besondere an diesem Essay: Real vor Ort in Rom war Marie Luise erst wieder 1949.

In Frankfurt gab es viel zu tun: Marie Luise stürzte sich in die Umsetzung ihrer Schreibprojekte. Trotz des Papiermangels jener Zeit gelang es ihr, einiges zu publizieren: die Essaysammlung *Menschen und Dinge 1945* sowie mehrere Lyrikbände: *Gedichte* (1947), *Totentanz und Gedichte zur Zeit* (1948) und *Zukunftsmusik* (1950). Außerdem arbeitete sie in der Redaktion von *Die Wandlung* mit: Freund Dolf Sternberger hatte Ende 1945 mit Lizenz der amerikanischen Besatzungsmacht eine Kulturzeitschrift gegründet, die auf eine geistige Neuorientierung Deutschlands setzte. Wiederholt stellte das Magazin die Frage nach Schuld und Verantwortung, beschäftigte sich mit der Rolle der Wissenschaften im »Dritten Reich« oder mit der Sprache der

Nationalsozialisten. Ab der ersten Ausgabe arbeitete Marie Luise dort mit – sowohl als Lektorin von Texten anderer als auch mit eigenen Arbeiten, etwa mit dem Essay *Von der Schuld*. An Dolf Sternberger schrieb sie im Januar 1946: »Entschuldige das Papier. Die Knappheit an jeder Art von Papier ist hier ganz verheerend. Guido und ich streiten uns um jeden Bogen und meine Gedichte werde ich nächstens an die Tapete schreiben, um sie der Nachwelt zu erhalten!«

Die Redaktion veröffentlichte noch unbekannte, junge Schriftsteller, suchte aber auch den Kontakt zu emigrierten Autorinnen und Autoren. Zeitgleich debattierte man in Deutschland die *Innere Emigration*. Marie Luise wehrte sich später gegen diesen Begriff: »Worin soll sie denn bestanden haben, unsere sogenannte innere Emigration? Darin, dass wir ausländische Sender abhörten, zusammensaßen und auf die Regierung schalten, ab und zu einem Juden auf der Straße die Hand gaben, auch dann, wenn es jemand sah? [...] Nicht heimlich im Keller Flugblätter gedruckt, nicht nachts verteilt, nicht wiederständischen Bünden angehört, von denen man wusste, dass es sie gab, es so genau aber gar nicht wissen wollte.«

Auf der Suche nach neuen Beiträgen für die Zeitschrift sprach sich Marie Luise unter anderem für die Arbeit eines jungen Lyrikers aus: »Manchmal etwas verblüffend (Mann mit der Nelke!), aber im Ganzen doch erfreulich selbstständig im Ausdruck und in Gedanken und in der Bildwahl.« Es war der Holocaust-Überlebende Paul Celan, der seine Gedichte eingesendet hatte. Kurz danach lernte Marie Luise ihn persönlich auf einem internationalen Schriftstellertreffen in Frankreich kennen:

»Der junge Mann, der mich draußen sprechen will, ist Paul Celan, ein schmächtiger Jüngling aus Czernowitz, ein Emigrant. Wir gehen zusammen durch den rotgoldenen Park und setzen uns auf eine Bank, und Celan liest mir mit eintöniger, noch völlig ungeübter Stimme seine ›Todesfuge‹ vor«, erinnerte sich Marie Luise an die Begegnung mit ihm. Sie sorgte für seine erste Veröffentlichung in Deutschland und die beiden blieben in freundschaftlichem Kontakt. Celans Gedichte gehörten für Marie Luise von nun an zum Kanon der zeitgenössischen Lyrik.

Neben der Vergangenheitsbewältigung war der Wunsch nach Normalität groß, und Marie Luise stürzte sich in das Kulturleben in Frankfurt, das allmählich wieder in Gang kam. »Einen Abend waren wir in der ›Mausefalle‹, einem politischen Kabarett aus Stuttgart. Ein paar Nummern waren ausgezeichnet, der Rest mäßig – wie schnell verbraucht sich alles auf diesen Brettern, die Besatzungsscherze, die Kritik an Bonn. Auch in diesem Spiegel sieht man den wachsenden Nationalismus und in dem Gelächter am falschen Orte tönt er einem noch unangenehmer entgegen …«, berichtete Marie Luise von der Atmosphäre im Nachkriegsdeutschland.

Mit Freunden und Bekannten verabredete sie sich für die Oper, zum Theater, zum Tee oder Abendessen, für gemeinsame Lektüren. Sie knüpfte neue Kontakte, als Untermieter zog Jurastudent Joachim Fest in die Frankfurter Wiesenau ein. »Gestern habe ich Adorno zum Kaffee eingeladen. Er kam freudig und mit Frau, die sehr mager, sehr intelligent und angenehm ist. […] Statt einer halben Stunde blieben sie alle drei geschlagene Stunden da. Das Gespräch war äußerst lebhaft – über

Märchen und Sagen, über Joyce und all seine Nachfolger, über Religion und Philosophie«, schrieb Marie Luise im April 1950 an Guido, der beruflich unterwegs war. Theodor W. und Gretel Adorno waren im Herbst 1949 aus der amerikanischen Emigration nach Frankfurt zurückgekehrt. Diese Einladung war der Beginn zahlreicher Verabredungen mit den Adornos, auch in Rom sollten sie sie besuchen. Es entwickelte sich eine enge Freundschaft zwischen Marie Luise und »Adörnchen«. Sie besprachen ihre jeweiligen Arbeiten, halfen sich gegenseitig bei der Suche nach geeigneten Titeln für ihre Texte oder diskutierten die Nachrichtenlage.

Vor allem den Austausch mit Kolleginnen und Kollegen aus dem Literaturbetrieb pflegte Marie Luise mit großem Interesse: »Heute Abend kommt zu mir Paul Celan, der junge Lyriker, den ich damals in Paris kennen lernte. Er hat mich schon vorgestern besucht, sie hatten ihn zu der *Gruppe 47* eingeladen, wo er die seltsamsten Erfahrungen machte, leider kann ich Dir das nicht alles schriftlich erzählen. Jedenfalls hat eine Österreicherin, Ilse Aichinger, dort den Preis bekommen, was erstaunlich ist, da sie ganz traumhaft-surrealistisch schreibt, während die *Gruppe 47* doch für die Zeitnähe und den Reportagestil ist«, schrieb sie an Tochter Iris, die für ihr Studium ausgezogen war.

Zwischen Marie Luise und Iris gingen über Jahrzehnte zahlreiche, oftmals seitenlange Briefe hin und her. *Geliebter Braten* oder *Wuz* nannte Marie Luise die Tochter liebevoll. Mit Kindern, etwa auch mit ihren Nichten und Neffen, hat sie sich gerne umgeben: »Eine Amüsierpädagogin hat mich mein Mann einmal genannt, und das stimmte, ich langweilte mich nicht, wenn ich mit Kindern spielte, ich ließ mich nicht zu ihnen hinab, war mittendrin, war eines von ihnen.« Ihre eigene Mutterrolle hingegen sah sie sehr kritisch: »Die größte Sünde, die ich an meinem Kind begangen habe, war die Liebe zu meinem Mann, das Ein-Herz-und-eine-Seele-Sein. [...] ›Ihr haltet auch immer zusammen‹, hat meine Tochter, vierjährig, einmal gesagt und hat sich umgedreht und mit dem Fuß aufgestampft. Wir beide werden dazu auch noch gelacht haben. Wenn ich an die Einsamkeit des Kindes denke, wird mir übel zumute.«

Iris war nun Anfang zwanzig. Die Italienliebe von Guido und Marie Luise war längst auf sie übergegangen: Hier hatte Iris die ersten Lebensjahre verbracht, Rom kannte sie von klein auf. War die Familie Kaschnitz in der Stadt, übernachtete sie meist bei Freundin Spinni, Hermine Speier, manchmal wochenlang. Die Freundschaft zu ihr währte seit den 1920er-Jahren. Spinni pflegte ein offenes, gastfreundliches Haus. Sie lebte am Hang des Gianicolo, in der Salita di Sant'Onofrio, einer schmalen, steilen Gasse mit Häusern aus dem 17. Jahrhundert. Den Blick von dort auf die Stadt nahm Marie Luise als »viel unverwechselbarer römisch« als anderswo wahr. »Hier hat man die *Roma eterna* zu seinen Füßen, das alte von so vielen Gärten und Alleen durchgezogene Rom mit seinem vielfach gewundenen Fluss, seinen goldbraunen Palästen, seinen Kuppeln und Dachgärten, seinem zuckerweißen Monument und seiner riesigen Leuchtflasche, die oberhalb der Piazza Barberini allnächtlich für einen Vermouthwein wirbt.« Mit Aussicht auf die Engelsburg, auf den mal gelblich, mal graugrün schimmernden Tiber, auf die roten Dächer des Viertels. »Keinen Augenblick vergisst man, dass man sich in Trastevere befindet, der Region der kreatürlichen Fruchtbarkeit, der Armut und der üppigen Mahlzeiten, des Gitarrengezupfs und der Mundartlieder, was alles bei dem lichterreichen Fest *Noi altri* (wir andern – wir jenseits des Flusses) auch dem Fremden augenfällig wird.« Unten im Haus, in der Portierswohnung, hielt Signora Elisa die Nachbarschaft über Neuigkeiten auf dem Laufenden: »in Goldschmuck und Marderschwänzchen am Sonntag, in der Woche mit wirrem Haar, im verwaschenen Kittel, Einkaufstaschen schleppend, treppauf und treppab. Von ihr erfährt man, wer in der Straße wen zum Geliebten hat, wer über Nacht zu Geld gekommen ist und wem das Wasser an der Kehle steht.«

Palermo, Trapani, Agrigent, über Messina nach Taormina, Catania, Syrakus, Reggio – im Herbst 1951 stand für Guido eine Forschungsreise nach Sizilien an, Marie Luise begleitete ihn. »Sehr blaues stilles Meer, niedere lange Steinmäuerchen fassen die Becken zur Salzgewinnung ein. Das Salz ist in Pyramiden aufgehäuft und mit Ziegeln belegt [...]. Weinfelder, Palmen, dann immer steinigeres Land«, beschrieb sie den Süden der Insel. Sie besuchten die Tempelanlagen von Selinunt, eine von mehreren Erdbeben zerstörte antike Fundstätte. Guido und sein Archäologen-Freund Friedrich Matz versuchten, eine Ordnung in dem Gewirr aus riesigen Säulen und Balken zu bestimmen. Marie Luise empfand an diesem Ort eine Mischung aus Freude und Entsetzen, notierte sie im Tagebuch: Zum einen war sie beeindruckt von der Größe der Tempelanlage, andererseits erschrak sie über den Anblick der gigantischen Trümmer. Sie fuhren weiter, vorbei an lehmgelben Häusern, die Straßen nicht gepflastert, machten Halt in einem kleinen Dorf: »In einem Ladenlokal waren Tische aufgestellt, in denen kleine an Metallstangen befestigte Männchen Fußballmannschaften darstellten, zwischen denen ein Kügelchen hin- und herflog.« Weiter ging es über die Insel: »Wir fuhren im Autobus eine gräßlich bedrohliche Zickzackstraße, der Chauffeur fasste alles Mögliche ins Auge, nur die Straße nicht.« An einem Tag, es stürmte und war herbstlich, beobachteten sie am Strand von Palermo Scharen von Zugvögeln. Plötzlich: »Helle, scharfe Schüsse und Hunderte von kleinen Vogelleibern, die auf den grünen Brandungswellen trieben und von einem kleinen Hund herausgeholt wurden. Fremdes Land, dachte ich, fremd, fremd.«

Auf dem Rückweg machten sie natürlich in Pompeji Halt, in Rom hatten sie Tochter Iris, die ihr Dolmetscherstudium in Genf begonnen hatte, bei der Familienfreundin Spinni knapp verpasst: »Geliebter Braten, das war nun wirklich eine große Freude beim Heimkommen gestern Nachmittag: Dein langer zweiteiliger Tagebuchbrief und das von Dir so hübsch für uns eingerichtete Zimmer! Wir lasen uns Deinen Brief zweimal gegenseitig vor, einmal – mit Auslassungen – auch der Spinni. [...] Wir nahmen an allem inneren Auf und Ab [...] bewegten Anteil! Mit Herrn T. ist es wohl doch das Beste so. Du kannst ihm ja nochmal einen netten Brief schreiben [...] und ihm sagen, dass Du ihn so gern (zum Heiraten) eben nicht hättest und ihn nicht mehr sehen wolltest, damit er innerlich frei würde [...]. Scheußlich sind so Sachen immer und mit der treuen Freundschaft fürs Leben ist es dann meistens doch nichts. Aber wenn Du ihm jetzt nicht nachtrauerst, hast Du Dich doch richtig verhalten, auch zu seinem Wohl.« Während Marie Luise ihrer Tochter praktische Lebenshilfe gab, nahm Guido Termine am Deutschen Archäologischen Institut wahr: Seit 1949 zeichnete sich ab, dass er vielleicht wieder dorthin wechseln könnte. Marie Luise hoffte, es würde klappen, war es ihnen in den Zwanzigerjahren doch so gut gegangen in Rom. Im Moment aber sehnte sie sich vor allem nach Ruhe: »Ich bin doch etwas reise-und anschaumüde und selig über das nette sonnige Zimmer, nach all den dunklen dürftigen Quartieren. Der Abschluss – Reggio – war dann doch noch ganz komfortabel, wenngleich das warme Wasser auch dann nur auf dem Papier stand. Dafür hatte man das Meer, und was für ein herrlich blaues, vor der Tür.«

Dolce Vita und Schatten der Vergangenheit

Zurück also nach Rom, in die Herzlandschaft – für Marie Luise neben Bollschweil und Frankfurt eine ihrer drei Heimaten. Die Vorfreude: riesig.

Während des Zweiten Weltkrieges, Ende 1943, war das Deutsche Archäologische Institut in Rom geschlossen worden. Den Freund von Marie Luise und Guido, Ludwig Curtius, hatte man 1937 seines Amtes als Institutsleiter enthoben, da er den Nationalsozialismus offen ablehnte. Einige Jahre zuvor, 1934, hatte Spinni, die jüdische Leiterin der Fotothek, das DAI bereits wegen des »Gesetzes zur Wiederherstellung des Berufsbeamtentums« verlassen müssen. Ludwig Curtius hatte es damals geschafft, ihr eine Stelle in den Vatikanischen Museen zu vermitteln – ihre Rettung während der deutschen Besatzung Roms. Später konvertierte sie zum Christentum.

Nun, nach dem Krieg, musste geklärt werden, was mit diesen deutschen Forschungseinrichtungen geschehen sollte. Sollten sie an Deutschland zurückgegeben oder besser in eine internationale Dachorganisation überführt werden? Eine heikle Debatte, und die Ansichten gingen auseinander. Die Verhandlungen zogen sich über mehrere Jahre hin. Bundeskanzler Konrad Adenauer reiste mehrmals nach Italien, um sich vor Ort ein Bild der Lage zu machen. Im Februar 1953, bei seinem zweiten Besuch, ließen er und Staatssekretär Walter Hallstein sich von Guido das Forum Romanum zeigen: »Es war nicht ganz leicht, den alten Herrn zufriedenzustellen. Er wollte die unmöglichsten Dinge wissen! Schließlich setzten wir uns, umgeben von den übrigen Herren auf einen alten Marmorbrocken mitten am Forum, wo ich ihm dann, immer wieder unterbrochen durch Witze oder anzügliche Bemerkungen, die sich hauptsächlich auf die mangelnden antiquarisch-humanistischen Kenntnisse von Herrn Hallstein bezogen, die allgemeinen Züge der ganzen Anlage des Forums erklären konnte. Gelegentlich zitierte der alte Unverwüstliche auch Stellen aus Cicero und Sallust. Schließlich schied er, wie mir schien, recht befriedigt und fuhr mit seinem Gefolge zur Bahn«, berichtete Guido später.

Im April 1953 stand schließlich die Entscheidung: Die Forschungsinstitute sollten der noch jungen Bundesrepublik zurückgegeben werden. Auf Guido fiel die Wahl als Institutsleiter, denn »die Italiener adorieren Kaschnitz.« Man schätzte ihn persönlich, fachlich sowieso. Eine diplomatische Herausforderung für alle Beteiligten war es trotzdem, denn das Verhältnis zwischen Deutschland und Italien war schwierig. Es galt nun, »die wissenschaftlichen und menschlichen Beziehungen zu den in Rom angesiedelten italienischen und ausländischen Instituten und Akademien wieder anzuknüpfen und dem in Misskredit geratenen Institut neue Freunde zu gewinnen«, erklärte Marie Luise. Und wie sollte es nun für sie ganz persönlich werden, wenn sie und Guido wieder in Italien lebten?

Einundzwanzig Jahre unter Mussolini, der Zweite Weltkrieg, die Besatzung Roms durch die Deutschen,

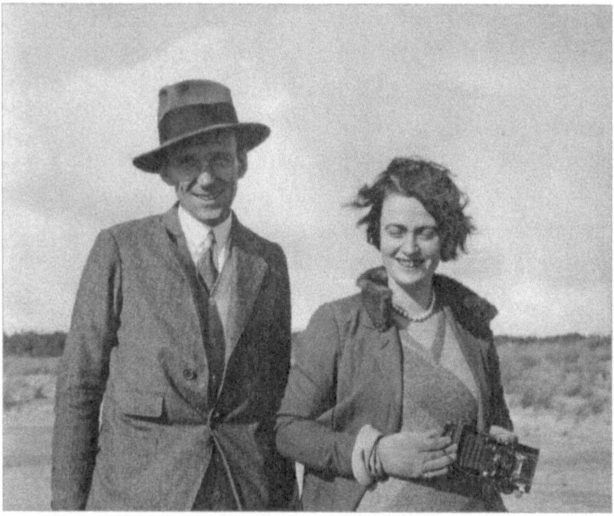

»... die Italiener adorieren Kaschnitz.«
Guido und Marie Luise, um 1953

Zerstörung und Elend, Misshandlungen und Tote, Hunger und Leid – all das hatte sich tief ins kollektive Gedächtnis eingebrannt. Seit Mitte der 1930er-Jahre hatte Italien an der Seite des Deutschen Reiches gestanden. Die europäische Ordnung sollte zerstört, internationale Machtverhältnisse neu definiert und Italien zu seiner »wahren Größe« verholfen werden, so die Propaganda Mussolinis. 1940 trat Italien als Bündnispartner Deutschlands in den Zweiten Weltkrieg ein. Drei Jahre später, im Juli 1943, landeten die Alliierten auf Sizilien und bombardierten Rom. Kurz darauf wurde Diktator Mussolini abgesetzt und gefangengenommen, im September kapitulierte Italien, die faschistische Achse Rom–Berlin zerbrach. Als Folge besetzten deutsche Truppen die Stadt. Es herrschte eine Atmosphäre der Angst und Gewalt – Razzien, Verhaftungen, Tausende Menschen wurden deportiert. Parallel begann ein organisierter Untergrundkampf.

Bis Juni 1944 währte der Albtraum der deutschen Besatzung, und die Erleichterung war groß, als die Deutschen abzogen. Gustav René Hocke, ein deutscher Journalist und später mit Marie Luise und Guido befreundet, beobachtete mit den Bewohnern Roms das Geschehen: »Der Anblick dieses geschlagenen Heeres ließ die hasserfüllten Römer vor Mitleid verstummen. Todmüde Soldaten eilten, zum Teil mit zerlumpten Uniformen und ohne Schuhwerk, am Petersplatz vorbei zu den nördlichen Ausfallstraßen Roms. Verwundete hockten nicht nur auf Lastwagen, sondern auch auf Mauleseln. [...] Als der letzte deutsche Soldat Rom verlassen hatte, wurde es plötzlich für ein paar Augenblicke totenstill.«

Die Ewige Stadt im Wandel

Rom, Anfang der Fünfzigerjahre, Marie Luise und Guido machten auf der Durchreise dort Station: »Unser Zimmer auf der eleganten Via Veneto, ein ›Interno‹ von neapolitanischer Art, eine Höhle, in der den ganzen Tag Licht brennen muss. Der Hof ein enger Schacht, unten ein riesiger Abfallhaufen, Stapel von Stühlen aus einem Café. Vor allen Fenstern gewaschene, aber graue Wäsche in Bündeln aufgehängt. Ein Lautsprecher in Brüllstärke unablässig am Werk. Auf dem engen Korridor der Pension schläft nachts das Dienstmädchen, unter einer hellen elektrischen Birne, jeder muss vorbei. Zerfetztes Zeitungspapier überall im Badezimmer. Von ½7 Uhr an dröhnen im Hof die lauten Stimmen, oft wird bis 3 Uhr nachts irgendwo Geschirr gespült. Die Ausnützung der Menschen ist ungeheuerlich. Vorne heraus alles Marmor und Spiegelglas, modernismo ...«, notierte Marie Luise in ihr Tagebuch. Was sie nun erlebten, war das pulsierende Leben der Metropole Rom, mit ihrer Geräuschkulisse und den Lebensverhältnissen – das Marie Luise bis dahin nicht kannte.

1931 hatte Rom noch weniger als eine Million Einwohner. Durch den massiven Zuzug aus dem strukturschwachen Süden Italiens war die Einwohnerzahl der Hauptstadt bis 1951 auf knapp 1,7 Millionen gestiegen. Riesige Neubauviertel wurden schnell in die Höhe gezogen. »Die Stadt wächst beständig, schiebt sich hinaus in die Campagna, nicht mit kleinen vorsichtigen

Landhäusern, sondern mit halben Wolkenkratzern von kastenförmiger, vielfenstriger Konstruktion. Vom Hügel von San Urbano kann man die weiße Phalanx heranrücken sehen, die römischen Mauern, das mittelalterliche Tor mit den Schwalbenschwanzzinnen sind längst überwachsen und versteckt«, beobachtete Marie Luise die Veränderungen.

Italien erlebte nun einen rasanten wirtschaftlichen Aufschwung, vor allem in der Autoindustrie war das Land bald weltweit an der Spitze. Doch es vergrößerte sich auch der Abstand zwischen den sozialen Schichten; viele Arbeiter, die aus Süditalien nach Rom kamen, fanden kaum Beschäftigung, und so wuchsen neben den modernen, rasch hochgezogenen Betonklötzen auch die Elendsviertel, die *Borgate*.

1952 erschien Marie Luises Zyklus *Ewige Stadt. Rom-Gedichte*, eine Reihe von sechsundzwanzig Gedichten. »Dieser Zyklus ist eine Auseinandersetzung, eigentlich eine Streiterei mit dem immer gleichen, eben dem ewigen Rom, nach den Erfahrungen des zweiten Krieges«, erklärte sie. Marie Luise beschrieb die Rückkehr in eine Stadt, die ihr von früher eigentlich vertraut war, nach der sie sich sehnte, in der sie sich geborgen gefühlt hatte.

Während sie in ihrem Essay *Rom* Mitte der Vierzigerjahre ihre Gedanken, die das scheinbar unveränderte Rom in ihr auslöste, noch als verwirrend ausgemacht hatte, konnte sie nun klar benennen, was für ihr Unbehagen sorgte: Es war ihr eine fremde Stadt geworden, voller kalter, greller Lichter und Leuchtreklamen, voller Lärm und Hektik. Die Autos ließen den Verkehr derart anschwellen, dass die Straßen geradezu verstopften, es staute sich überall chaotisch. Ein ganz anderes Rom, als sie es in den Zwanzigerjahren erlebt hatte. Der Beginn des Zyklus klingt entsprechend ängstlich und unsicher, doch im vorletzten Gedicht XXV wird der Text zuversichtlich: Die Gegenwart, der Fortschritt, die Veränderungen müssen und können nun akzeptiert werden.

XXV

Es reden die Steine von Rom, blühend im Neonlicht
Im Scheine der Jupiterlampen, eisenklirrendes Echo
Zu jedem das Gleiche und immer das Alte:
Nimm auf Dich.
Nimm auf Dich die schmerzliche Schönheit
und die Last der Vergangenheit.
Und die Schwermut des Ackers von Rom,
die die Schwermut der Welt ist.
Nimm auf Dich das Alte, das nicht ausgetilgt wird
Und das Neue, das nicht kommt wie ein
Weihnachtstag.
Nimm auf Dich die Unrast, den Lärm,
die metallene Dürre
Und das Übermaß des Lichts, auf das alles hinausläuft.
Nimm auf Dich das Leben.
Reden hörst Du des Nachts die Steine von Rom
und die Brunnen,
Die wieder fließen im Herbst, wenn das Wasser
von den Bergen kommt.
Das Lebenswasser, von dem die Hirsche trinken.
Nimm auf Dich die Liebe.

Nach Rom strömten in diesen Jahren Menschen aus aller Welt: 1950 siedelte sich die FAO, die UN-Organisation für Ernährung, hier an, es folgten weitere internationale Einrichtungen. Zwei diplomatische Korps – eines für Italien am Quirinal, eines für den Vatikan – gab es, wodurch viele Diplomaten vor Ort waren. Rom, die kosmopolitische Stadt. 1950 war von Papst Pius XII. als Heiliges Jahr proklamiert worden, weshalb das Pilgern einen großen Aufwind bekam und sich tausende Christen auf den Weg nach Rom machten. Der ursprünglich vom faschistischen Regime Mussolinis geplante Boulevard, die repräsentative Via della Conciliazione, die vom Tiber direkt auf den Petersdom zuführt, wurde passend zum päpstlichen Jubeljahr fertiggestellt. Nach dem Krieg gab es konkrete Pläne für einen Großflughafen, und die neue Bahnhofshalle der Stazione Termini wurde 1950 eingeweiht.

Italien hatte gerade erst die Monarchie abgewählt, stand am Beginn der Republik und war ein Land im Umbruch. Doch die Gesellschaft blieb stark geprägt von strengen Moralvorstellungen und Rollenbildern: Während etwa Ehebruch bei Frauen ein Straftatbestand war, sah man bei Männern großzügig darüber hinweg. Die katholische Kirche war die mächtigste Institution im Land und übte ihren Einfluss aus.

Dennoch zog Rom Schriftsteller, Maler, Bildhauer, Schauspieler und andere Künstler an. Sie suchten einen Platz zum Leben und schienen hier ein ideales Umfeld für ihre kreative Arbeit zu finden. Viele hatten das Bedürfnis, sich von den Kriegsjahren zu distanzieren, wollten den Faschismus ausblenden, an einem fremden Ort neu anfangen.

Filme, Magazine, Musik bildeten den Wunsch nach Leichtigkeit ab. Das Kino bot die Möglichkeit, der

Realität zu entfliehen, und die Branche erlebte einen Aufschwung. Der Grundstein dafür war unter Mussolini gelegt worden: Zu Propagandazwecken hatte er 1937 die modern ausgestattete Filmstadt Cinecittà am östlichen Stadtrand Roms bauen lassen. Nach dem Zweiten Weltkrieg, 1954, drehten die Italiener in den Studios 150 Filme, Hollywood im selben Jahr 200. Auch die internationale Filmindustrie, vor allem Investoren aus den USA, hatten Rom im Blick und nutzten das circa 40 Hektar große Areal für amerikanische Produktionen, etwa *Ein Herz und eine Krone* mit Audrey Hepburn und Gregory Peck. Autoren, Schauspieler, Regisseure, Techniker kamen hierher, fanden eine Atmosphäre voller Inspiration. Und so entwickelte sich Rom auch zu einer Weltstadt mit Filmstars und Paparazzi, die sich vor allem um die Via Vittorio Veneto bewegten: eine platanengesäumte Prachtstraße zwischen dem Pincio und der Piazza Barberini, die sich in zwei großen Kurven Richtung Parkanlage Villa Borghese zieht. Luxusgeschäfte und Parfümerien, Hotels und Bars siedelten sich hier an.

Federico Fellini drehte 1959 in der Cinecittà *La dolce vita* – einen Film, der das Bild Roms weltweit bestimmte. Darin zeigte er das schicke Leben der High Society rund um die Via Veneto, die er in den Filmstudios nachbaute. Gleichzeitig skizzierte er mit schonungslosem Blick die damalige Stimmung: die tiefe Unzufriedenheit in der Gesellschaft, zeigte aber gleichzeitig auch eine Generation, die das Leben genießen wollte. Er entwickelte mit diesem Film eine Vorstellung von Italien, die geprägt war von Stilbewusstsein, Glamour und Lebensfreude – das *Dolce Vita*.

Residente a Roma

In diesem Umfeld, in diesem geistigen Klima des Italien der Fünfzigerjahre, zog das Ehepaar Kaschnitz nun also erneut nach Rom. Fast drei Jahrzehnte, nachdem es das erste Mal dort gelebt und eine glückliche, intensive und produktive Zeit verbracht hatte. Marie Luises Gedichtbände fanden inzwischen große Beachtung, die erste Ausgabe mit Kurzgeschichten war gerade erschienen: *Das dicke Kind und andere Erzählungen*. Der RIAS sendete ihr Hörspiel *Jasons letzte Nacht*, viele andere folgten, die Presse fragte Essays und Rezensionen bei ihr an. Sie war Mitglied der Deutschen Akademie für Sprache und Dichtung und des PEN. Einundfünfzig Jahre war Marie Luise jetzt alt, selbstbewusst und souverän, sie hatte viel erreicht – möglicherweise mehr, als sie sich als junge Buchhändlerin ausgemalt hatte.

Marie Luise und Guido lebten in einer geräumigen Wohnung im Stadtteil Parioli an der Piazza Pitagora, in einem der vornehmsten Viertel Roms. Hier konnte man manchmal Löwen brüllen hören, der Zoologische Garten war nicht weit, der Weg in die Innenstadt führte am Elefantengehege und an Vogelvolieren vorbei. Gelegentlich machte Marie Luise hier Halt, sie war fasziniert von den Giraffen, dem Dromedar, den Raubkatzen. »Kaum eingetreten, bemerkt man das Sonntagsgebaren der Tiere, ihr unaufgefordertes Sichzurschaustellen und Possierlichtun – nur ein Schritt noch zum Zirkus und Varieté. König ist, wer da nicht mittut, der alte, kohlschwarze Schimpanse zum Beispiel, der von seinem hohen Brett herunterschaut, gescheit und interessiert, und dann solche Anteilnahme immer wieder Lügen straft durch ein ungeheures Gähnen, ein nicht endenwollendes Aufreißen des schwarzen Schlundes hinter zitronenfarbenem Gebiss. [...] Vom Käfig der römischen Menschenaffen bin ich nicht wegzubringen, starre und lasse mich anstarren, neugierige Augen gegen völlig unneugierige, ein Wesen, das erfahren will, gegen ein Wesen, das ohnehin alles weiß.«

Von der Wohnung aus genoss Marie Luise den Blick auf die riesigen Zedern und Pinien eines kleinen Parks vor der Tür namens Villa Taverna. Trotz der feinen Gegend war ihr Appartement nicht sehr komfortabel, »das Eis wurde in Stangen gebracht, das Kochgas in Zylindern, die gerade immer dann nichts mehr von sich gaben, wenn das Essen für mehrere Tischgäste halb gar auf dem winzigen Herdchen stand.« Sie konnten es sich inzwischen leisten, eine Haushaltshilfe, Nanda, zu beschäftigen. Während Guido die Tage im Institut verbrachte, blieb Marie Luise also viel Zeit, in das römische Leben einzutauchen, ausgiebig durch die Stadt zu streifen, in Ruhe zu schreiben und an neuen Projekten zu arbeiten. Genug Zeit auch, um die alten Freunde zu treffen: Spinni, Ludwig Curtius, Cesare Olschki und seine Frau Antonietta.

Tochter Iris hielt sie über die kleinen Herausforderungen des Alltags selbstverständlich auf dem Laufenden: »Geliebter Wuz, heute kam Dein Brief, in dem du dich über die Langsamkeit der Post beklagst. Wir haben den mit Luftpost frankierten Brief damals selbst abends noch eingeworfen, allerdings in den Briefkasten am

Palazzo Salviati, dem wahrscheinlich zu misstrauen ist. Aber auch sonst herrschen ja hier echt trastevesanische Zustände. Als wir neulich mal mehrere Tage überhaupt keine Post bekamen, sagt die Spinni plötzlich ganz ernst und nachdenklich, sie habe ja vergessen, dem Briefträger sein Trinkgeld zu geben. Als sie es dann tat, kamen 14 Briefe auf einmal!«

In Rom verkehrte Marie Luise in der Bibliotheca Hertziana, dem kunstgeschichtlichen Institut, oder wurde zu Lesungen in das Istituto degli Studi Germanici im Park der Villa Sciarra-Wurts eingeladen. Seit 1924, als sie zum ersten Mal nach Rom gezogen war, sprach Marie Luise Italienisch. Doch sie musste einsehen: Perfekt war es nicht. Also nahm sie nun Unterricht bei einer Sprachlehrerin: »Die Stunde war nett (auf einer herrlichen Terrasse) mit vielen blühenden Pflanzen und Schwalben im Abendhimmel, aber auch recht deprimierend, da ich nicht nur beständig Fehler machte, sondern sie auch an meiner Aussprache, die ich für so herrlich hielt, viel auszusetzen fand. Ich spreche alle Vokale zu offen (Roma), es scheint, dass die meisten *chiusi* sind. Außerdem soll man viel mehr überziehen, ganze Sätze sollen klingen wie ein langes Wort, und dabei soll es doch artikuliert und klein sein, – es ist zum Verzweifeln. Seit der Stunde spreche ich ganz miserabel …«, beklagte sie sich bei Iris.

Guido wiederum war stark eingespannt: Das Deutsche Archäologische Institut wurde im Sommer 1953 provisorisch geöffnet, und die offizielle Feier sollte im Dezember stattfinden. Guido musste finanzielle und vor allem personelle Angelegenheiten klären, er stand vor der Frage: Wie umgehen mit Kollegen, die Ämter in der NSDAP innegehabt hatten? Die Bibliothek und Fotothek mussten wieder eingerichtet werden, das DAI war allgemein in einem desolatem Zustand. Und dann war er »äußerst schlechter Laune, wegen des abends bevorstehenden Empfangs beim Direktor der American Academy – aus lauter Angst vor dem Englisch sprechen«, berichtete Marie Luise.

Trotz der Arbeitsverpflichtungen genossen sie jetzt auch wieder das vielfältige Kulturleben in Rom, und es blieben genügend Möglichkeiten, Italien weiter zu erkunden. Marie Luise und Guido bereisten das ganze Land, mal mit dem Zug, mal mit dem Auto. Einmal, im Hochsommer, fuhren sie die Via Emilia von Osten nach Westen: »Wir glaubten, sehr klug zu sein, dass wir uns in der Nacht auf den Weg machten, die Straße ist aber nachts keineswegs leer, vielmehr sind alle Lastwagen unterwegs, lauter Ungeheuer mit grellen, nie abgeblendeten Scheinwerfern kommen uns entgegen, drücken uns an die Seite, an die Mauern, in die Gräben, wir fahren abwechselnd und geraten in Panik.« Sie machten Halt in Reggio Emilia und Vicenza, Guido fotografierte Töpfe und Scherben für seine archäologischen Untersuchungen, Marie Luise zog mit. Bis es wieder auf die Straße ging, »in das Donnern und Fauchen und das Licht der grellen Lampen, nur dass wir von Abend zu Abend weniger zittern und in unserem kleinen Wagen selbst ein Teil der Straßen werden, ein Teil der neuen Zeit.«

Guido hielt sich sehr gerne in Neapel auf. »Weil ich sehe, dass er in dieser Stadt glücklich ist, sage ich ihm nie, dass ich die Tage, ja die Stunden bis zur Abreise zähle« – seit Marie Luise das erste Mal dort war, in den

Zwanzigerjahren, fühlte sie sich in Neapel nicht wohl, sie beschrieb später ihre »lebensalte Angst vor den bösen Geistern dieser Stadt.« Neapel blieb ihr unheimlich, und doch war sie fasziniert von der Atmosphäre des Ortes. Marie Luise und Guido machten dort häufig auf der Durchreise an die Amalfiküste Halt oder wenn Guido zu Forschungszwecken nach Pompeji fuhr. »Neapel gleicht einem alten, räudigen und mit Schwären bedeckten, aber mit Schellen und Federn prächtig aufgeschirrten Zirkuspferd. In den Vorstädten [...] noch immer das furchtbarste Elend [...]. Aber Flitter ist überall: Die Schuhputzersessel sind aus rotem Samt mit goldenen Beschlägen, goldenen Rittern unter dem Sitz, Löwenpranken an den Armlehnen. Im Hintergrund die Fruchtwägen; über Zitronen, Kokosnüssen, Melonenschnitzen glüht der Vesuv in roter Abendlandschaft unter bengalisch beleuchteten künstlichen Blumenranken.«

Von Venedig hingegen war Marie Luise begeistert. Sie nahm dort 1952 als eine von fünf deutschen Delegierten an einem Kongress der Unesco teil, *The Artist in Modern Society* war das Thema des Treffens. An Iris schrieb sie, »dass die Stadt zauberhaft ist und vielleicht außer Rom die schönste, die es in Italien gibt. [...] Sie liegt wirklich im, nicht am Meer und hat etwas unsagbar Lichtes und Leichtes und Musikalisches, dass sie auch melancholisch sein kann, wie auf den Turner-Bildern, ahnt man, wenn auch Felix Braun [österreichischer Schriftsteller, der ebenfalls als Delegierter an dem Kongress teilnahm] behauptet, Turner hätte den Nebel im Koffer mitgebracht. [...] Ich habe natürlich wenig gesehen, weil das Ausrücken sehr schwer war, aber dieses Wenige ist unvergesslich […]. Die strahlende Riva und die engen Gassen, in denen der Strom von Menschen unablässig flutet, sich über die kleinen gewölbten Brückchen hebt und wieder hinabgleitet, die merkwürdigen drehenden Ruderschläge der Gondoliere, die besondere Art der Menschen dort, stolz und verschlossen wie vielleicht die Spanier, die einsame schwermütig Insel Torcello mit dem schönen Weltgerichtsmosaik, von dem ich Dir ein Bild schickte, der Dogenpalast so leicht und zierlich unten, so geschlossen und wuchtig oben, überall das Byzantinische, auch das Maurische.« Im Tagebuch hielt sie fest: »Vaporetti und Motoscafi regelmäßig wie Autobusse, sehr besetzt. Die Gondeln, wie eh und je, tintenschwarz und schön geschwungen […]. Fischerboote mit gelb und rötlichen lateinischen Segeln, oft aus Flicken zusammengesetzt, leuchtend und schön. Auf der Lagune ein beständiges Hin und Her all dieser heiter wirkenden Fahrzeuge und zwischen ihnen starr, metallen und unbewegt, 2 amerikanische Kriegsschiffe, ein Kreuzer und ein Torpedoboot. Einmal wurde auf dem Kreuzer für die Matrosen ein Film auf Deck auf eine große Leinwand geworfen, da sah man, ganz von fern, die großen bunten Mickey-Mouse-Trickfiguren in rasendem Tempo auftauchen, sich verfolgen und fliehen.«

Cocktail-Empfang im Garten der Schwedischen Akademie – Botschaftsempfang – abends Österreichisches Institut – zum Tee hier: Lombardi, Geschers, Raffalt, Spinni, Sattlers – Olschkis zum Abendessen, so sah in diesen Jahren der volle Terminkalender Marie Luises aus. Aus ihrer Sicht überwiegend oberflächliche Termine: »Die moderne Form der Geselligkeit, die Cocktailparty, hat sich auch hier eingebürgert: eine Unzahl von Gästen, die Stühle werden fortgeräumt, nicht aus Platzmangel, sondern auch weil man sich nicht setzen *soll* – was für eine Verlegenheit für die Gastgeber, wenn so etwas anstände wie ein wirkliches, ernsthaftes Gespräch! […] Der Zeitmangel bestimmt alles, die Überfülle von Menschen und Einrichtungen, der der Einzelne nicht mehr gewachsen ist.« Selbst das Essen vermochte sie nicht zu überzeugen: »Was bei der neuen Massenform der Geselligkeit für die Bewirtung gilt, bei der zuerst die Brotrinde, dann das Brot verschwand und durch auf Zahnstocher gespießte, schmelzende Bissen ersetzt wurde, gilt auch für das Gespräch, es gibt nichts mehr zu beißen, nur Fragen, deren Antworten nicht abgewartet werden, die flüchtige Begrüßung, die Feststellung der Existenz.«

Obgleich Marie Luise diese Art Veranstaltungen nicht mochte, das Netzwerken genoss sie hingegen sehr. Immer, wenn sie in ihrem Leben umgezogen war – nach Weimar oder München, nach Königsberg, Marburg oder Frankfurt –, hatte sie schnell neue Freundschaften geschlossen. So auch in Rom. Im Hause Kaschnitz ging man ein und aus. Einen Ort der Geselligkeit zu schaffen, unterschiedliche Persönlichkeiten zusammenzubringen, das machte Marie Luise Freude. Wissenschaftler und Diplomaten, Journalisten, Künstler und Schriftsteller, Kontakte aus den römischen Forschungsinstituten und Akademien, Würdenträger aus dem Vatikan, Familie und Freunde auf Italienreise – Marie Luise richtete Abendessen oder Einladungen zum Tee aus, nahm sich Zeit für Besuch. Kurt Kaschnitz, ein Neffe aus Graz, erinnerte sich an seinen Aufenthalt in Rom im Sommer 1955: »Ich war oft mit Tante Leu[6] unterwegs, sehr herzlich und offen hat sie mir die Stadt gezeigt.« Anfang dreißig war er, ein junger Lehrer, als er für drei Wochen seine Verwandten in Rom besuchte. Auf der Piazza Navona luden sie ihn zum Abendessen ein und rieten ihm, lieber solle er eine üppig belegte Capricciosa als eine Margherita nehmen – Pizza aß er zum ersten Mal in seinem Leben. Hier nahm er deutlich den Kontrast zu seinem Alltag in Österreich wahr, in Rom war das Wirtschaftswunder längst spürbar.

Marie Luise war neugierig auf den Austausch, nahm Anteil an den Geschichten, die ihre Gäste erzählten, aufmerksam und diskret. Sie hatte die Fähigkeit, Freundschaften über Entfernungen und Dauer aufrechtzuerhalten, zu pflegen, zu vertiefen. Ein Freund charakterisierte sie als sanft-heiter und gleichzeitig schwermütig, mit einem Gespür für besondere Situationen und Stimmungen. Schriftsteller-Kollegin Ingrid Bachér, die Marie Luise in Rom kennenlernte und später auch in Frankfurt besuchte, beschrieb ihr »Erstaunen, wie sie Würde und Anstand – Worte, die man sofort mit ihr in Verbindung bringt – ins Alltägliche hineinnimmt«.

Auf der Suche nach Leichtigkeit

Ein Freund Marie Luises in Rom war der umtriebige Gustav René Hocke: Kunst- und Kulturhistoriker, Literaturwissenschaftler, Autor und Journalist. Seit Anfang der Vierziger lebte er in Rom, dort hatte er 1944 den Abzug der deutschen Soldaten miterlebt und beschrieben. In Deutschland beteiligte er sich an der Gründung der Literaturzeitschrift *Der Ruf* und arbeitete dann, 1949, von Italien aus als Korrespondent für verschiedene Medien. Zur Clique gehörte auch das Ehepaar Kesten, Toni und Hermann: Kesten war Jude und 1933 zunächst nach Frankreich emigriert, dann in die USA, von wo aus er zahlreiche geflohene Künstler unterstützt hatte. Nach dem Krieg zog das Ehepaar 1953 nach Rom, ließ sich von der Atmosphäre mitreißen und nahm interessiert am Schaffen anderer teil. Eng befreundet waren Guido und Marie Luise auch mit Reinhard Raffalt. Der Organist, Journalist und Musikwissenschaftler war ab 1952 Korrespondent des Bayerischen Rundfunks. Sie alle trafen sich häufig im Hause Sattler: Dieter Sattler, der damalige Kulturattaché, lud regelmäßig zu Vorträgen, Diskussionsrunden oder kleinen Konzerten ein. Er sorgte für den deutsch-italienischen Dialog, etwa wenn er einen Leseabend mit Marie Luise und dem italienischen Germanisten Bonaventura Tecchi organisierte. Es gab lebhafte Diskussionen und kreativen Austausch, über die eigene Arbeit, den römischen Alltag, über dieses Konzert, jenen neuen Roman, die Theaterinszenierung. Der Nachholbedarf an Kultur war enorm, die Kriegsjahre lagen noch nicht lange zurück.

Dem Zeitgeschehen in Deutschland konnten sie sich jedoch nicht gänzlich entziehen. Sie erörterten aus der Distanz aktuelle politische Fragen und stiegen in die Debatten ein: In welche Richtung steuerte die noch junge Bundesrepublik, was geschah mit den zwei deutschen Staaten, wie bewertete man die Wiederaufrüstung, in welcher Form konnte die Aufarbeitung des Nationalsozialismus gelingen?

Im Gegensatz zum biederen Nachkriegsdeutschland erlebten Marie Luise, Guido und ihr Freundeskreis Rom als inspirierend, international, unbeschwert. Sie verabredeten sich an der Piazza Navona oder der Piazza Cavour auf Espressi oder zum Tee, an der Via Veneto im Café Doney zum *aperitivo*, meist eingehüllt in Zigarettenqualm. Gemeinsam erkundeten sie die Umgebung Roms, fuhren nach Olevano oder nach Ostia ans Meer. Marie Luise schwamm leidenschaftlich gern, manchmal etwas waghalsig, sie liebte »das Hinausschwimmen am lateinischen Ufer, [...] und das aufgeregte Winken spielzeugklein von den Felsen her, Warnung vor Wadenkrämpfen, vor Haien, Warnung, die ich einmal in den Wind schlug und drehte mich, sonnengeblendet über der fernen weißen Tiefe, dem Wellengekräusel auf dem Sand.« Auf das erste Bad im Meer freute sie sich jedes Jahr sehr, sich vom Wasser in Besitz nehmen zu lassen, den Blick in die Weite gerichtet.

»Das Wasser ist an dieser Küste sehr flach, bis ich endlich richtig schwimmen kann, bin ich schon weit fort vom Ufer, unterscheide die Gesichter, die Gestalten nicht mehr. Ich lege mich auf den Rücken, das dicke Salzwasser trägt mich, ich brauche kein Glied zu rühren, verschränke die Arme unter dem Kopf. [...] Trinken, ertrinken, und das Wasser schäumt schon und braust schon, grauweiß, grünweiße Wirbel, und drückt auf die Brust. Noch ein wenig tiefer, es drückt mir die Brust ab, schnürt mir die Kehle zu«, formulierte Marie Luise in ihrer Erzählung *Eines Mittags, Mitte Juni*, veröffentlicht 1960. Die Figur dieser erfundenen Geschichte, die sich »Frau Kaschnitz« nennt, überlebt den Badeunfall, der auf einer Italien-Reise geschieht. Als die Protagonistin in ihrem Zuhause ankommt, erfährt sie, dass eine unbekannte Frau den Nachbarn ihren Tod verkündet habe – an genau dem Tag, an dem »Frau Kaschnitz« fast ertrunken ist. Fantasie, allerdings stark autobiografisch und fast vorausschauend. »Als das Charakteristische an meinen Geschichten und Hörspielen haben die Kritiker oft den Einbruch des Außergewöhnlichen, ja des Übersinnlichen in ein gewöhnliches Menschenleben angesehen. Ich meine aber, es gibt kein Leben, das nicht vom Außergewöhnlichen gestreift wird und in dem nicht das Übersinnliche seine Rolle spielt.«

Im Herbst 1953 begann Marie Luise eine neue Arbeit, vorläufiger Titel: *Römische Aufzeichnungen*, und bald stand endlich die offizielle Eröffnungsfeier des Deutschen Archäologischen Instituts an. Von den Vorbereitungen dafür berichtete Marie Luise Tochter Iris im November 1953, von ihrem Alltag und davon, wie sich die Unruhen um die Unabhängigkeit Triests auch in Rom auswirkten: »Gestern war ich wieder bei Pasquale [...], während draußen die Celere schwer bewaffnet die

Via Veneto absperrte und durch Lautsprecher brüllte – alles wegen der Studenten-Demonstrationen wegen Triest. Der Signor Pasquale wollte mich dann gar nicht fortgehen lassen, weil die Polizei in solchen Fällen Anilinfarbe verspritzt, die jedes Kleid für ewig ruiniert [...] Gestern haben wir das elektrische Oefchen angesteckt, es war schön warm, soll aber in der Stunde für 70 Lire Strom verbrauchen – hätte es uns der Elektriker doch nicht gesagt! [...] Da das Institut kein Geld hat, nach der Inaugurazione auch nur das kleinste Wermütchen zu offerieren, müssen wir für die Spitzen am selbigen Abend ein kaltes Abendessen (Buffet mit Nanda dahinter) geben.«

Ab dem 9. Dezember 1953 war das DAI nun also wieder eröffnet und Guido dessen Leiter. Marie Luise berichtete ihrem Freund Dolf Sternberger nach Frankfurt: »Von Familienleben keine Spur mehr, da man abends zu allerlei Kulturplaisir eilen muss! Von eigener Arbeit (für ihn) auch nicht, er steht vor der vollen Krippe und kann nicht fressen – weder Museumsschätze noch Bibliotheksweisheit – keine Zeit. Mich wundert's, dass er trotzdem guter Dinge ist, aber er ists und ein wenig Belohnung war doch, dass mit der feierlichen Inaugurazione alles so gut ging u. er so viele (Lobe) für seine italienische Aussprache bekam, die man besonders warm und human und auch diplomatisch fand – schließlich gab es ja einige Klippen zu umschiffen. Ich hab von dem allen natürlich so gut wie keine Last, nur oft viele Gäste, was aber Freude macht, wenn man den Tag mehr oder weniger ungestört seinen Gedanken nachgehangen hat.«

Marie Luises kleiner Taschenkalender im Frühling

1954: 2. Mai – »bei uns. Böll, I. Bachmann, [...] Hocke«. 17. Juni – »Ingeborg Bachmann 2. Abendessen«. Die österreichische Schriftstellerin war seit Oktober 1953 in Rom. Zuvor hatte sie kurze Zeit auf Ischia bei ihrem Freund, dem Komponisten und Dirigenten Hans Werner Henze, gelebt. Sie verfasste Hörspiele und Lyrik, arbeitete als Übersetzerin und als Korrespondentin für Radio Bremen sowie für die *Westdeutsche Allgemeine Zeitung*. Gerade erst hatte Ingeborg Bachmann den Gedichtband *Die gestundete Zeit* veröffentlicht. Von den Kritikern gefeiert und mit dem Preis der »Gruppe 47« ausgezeichnet, avancierte sie während der Fünfzigerjahre zu einer Art Medienstar – nicht zuletzt, als der *Spiegel* eine Titelgeschichte über die Achtundzwanzigjährige druckte.

Von all den vielen Bekannten und Kontakten, die Marie Luise in Rom hatte, entwickelte sich insbesondere zu Ingeborg Bachmann eine enge Freundschaft. Gemeinsame Bekannte entdeckten Ähnlichkeiten, hielt Marie Luise fest: »Ich vermittelte unserm alten Freunde L[udwig] C[urtius] die Bekanntschaft einer jungen österreichischen Dichterin und war neugierig zu hören, wie ihm ihre Gedichte gefallen hatten. Er verbarg seine Enttäuschung nicht. Ja, weißt du, sagte er, das ist ja auch so eine Lakrimistin wie du. Ich lachte über die Bezeichnung, aber sie stimmte mich doch auch nachdenklich – tränensüchtig mochte man das Wort übersetzen, und natürlich war es als Tadel gemeint.« Marie Luise Kaschnitz und Ingeborg Bachmann, zwei Autorinnen, die in ihren Arbeiten Leid und Zweifel beschrieben, auf Unheil hinwiesen, um es sichtbar zu machen. Ludwig Curtius war im Unterschied zu den beiden Frauen der

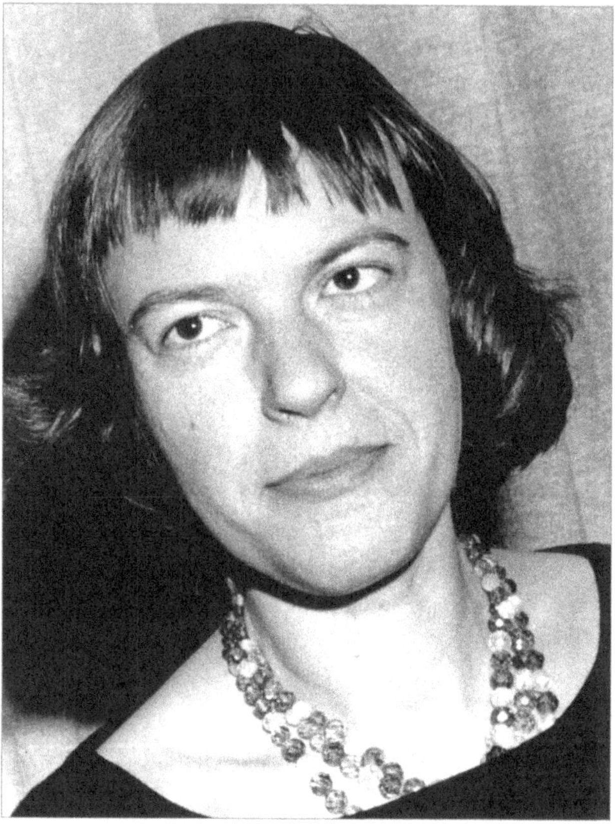

»… das ist ja auch so eine Lakrimistin wie du.«
Ingeborg Bachmann, 1955

Ansicht, »dass das Aussprechen des Negativen diesem erst eigentlich zum Dasein verhülfe.« Doch Marie Luise entgegnete: »Wer ausspricht, bannt, und der Wunsch, das Schreckliche zu bannen, mag die Ursache meiner traurigen Gedichte und pessimistischen Geschichten gewesen sein. [...] Allerdings genügte mir, die schlimmen Dinge anzuzeigen. Eine Kämpferin war ich nie.«

Der Altersunterschied von gut fünfundzwanzig Jahren schien zwischen Marie Luise und Ingeborg keine Rolle zu spielen. Sie tauschten sich über das Schreiben aus, über Ideen und Pläne, über Arbeitsfortschritte. Sie vertrauten sich, unterstützten einander, im Privaten wie im Beruflichen. Beide arbeiteten in Rom für die Zeitschrift *Botteghe Oscure*: Principessa Marguerite Caetani, eine Amerikanerin, die in den italienischen Adel eingeheiratet hatte, hatte 1948 diese mehrsprachige internationale Literaturzeitschrift gegründet. Ein Magazin für moderne Lyrik und Prosa, ihr Salon ein intellektueller Treffpunkt. Ingeborg Bachmann stand mit ihr seit 1954 in Kontakt. Ab Herbst dieses Jahres, Ausgabe XIV, gab es einen deutschsprachigen Teil. Darin vertreten: Marie Luise Kaschnitz und Ingeborg Bachmann mit eigenen Gedichten. 1960 erschien die letzte Ausgabe der Zeitschrift, bis dahin sollte sie sich noch fünfmal der deutschsprachigen Literatur widmen.

Ingeborg Bachmann, Mitglied der »Gruppe 47«, hatte die Idee, ein Treffen in Italien zu organisieren, und fand in Gustav René Hocke einen engagierten Unterstützer. Gemeinsam planten sie die Jahrestagung im Frühling 1954, es war das erste Treffen der »Gruppe 47« außerhalb Deutschlands. Die Wahl fiel auf San Felice am Cap Circeo, hoch an einem Hang gelegen, nicht weit entfernt von Rom. Einer Sage nach verwandelte hier die Zauberin Circe aus Homers *Odyssee* Besucher des Ortes in Tiere, Seefahrer verzauberte sie in Schweine.

Bei der Tagung der »Gruppe 47« war Marie Luise als Gast dabei. Ihr gefielen vor allem die Texte von Ilse Aichinger. Zugehörig fühlte sie sich dort wohl nicht – die Mitglieder waren etwa zehn bis zwanzig Jahre jünger als sie, fast eine andere Generation, die nun die Richtung der bundesdeutschen Nachkriegsliteratur maßgeblich mitbestimmten. Im Anschluss an die Tagung: ein feierlicher Empfang auf dem Kapitol bei Roms Bürgermeister. Mit-Organisator Gustav René Hocke erinnerte sich an einige sichtlich gelangweilte bis unwirsche Gruppenmitglieder, es war ihm unangenehm. »Seien Sie nicht enttäuscht, Hocke. Das alles ist für viele dieser Ruinen-Generation nicht nur zu alt, sondern zu neu. Woher sollten sie ein sogenanntes traditionelles Gefühl haben? Sie erlebten nur Hitler-Terror, Krieg, Zerstörung, Hunger. Jetzt schauen sie sich zum ersten Mal etwas freier um. Doch bleiben sie misstrauisch und verlegen. Bilder dieser Welt hier haben zu oft der politischen Täuschung und Unterdrückung gedient. Missverständnisse!«, beruhigte ihn Schriftsteller und Gruppenmitglied Wolfgang Weyrauch. Ein Kontakt zu italienischen Autorinnen und Autoren entwickelte sich im Zuge des Treffens in San Felice nicht, und aus literarischer Sicht blieb dieses Treffen der »Gruppe 47« eher unbedeutend.

Zu dieser Zeit arbeitete Ingeborg Bachmann unter anderem an ihrem Essay *Was ich in Rom sah und hörte*, und Marie Luise beschäftigte sich mit *Engelsbrücke. Römische Betrachtungen*. Ingeborg Bachmann reflektierte ihre Zeit in Italien: »Gelernt habe ich etwas von den Italienern, das ist schwer zu erklären. Denn man kann von ihnen etwas lernen, wenn man alles wegwirft, jede Vorstellung, die man sich vorher gemacht hat davon. Es sind nicht die Schönheiten, nicht die Orangenbäume und nicht die herrliche Architektur, sondern die Art zu leben. Ich habe hier leben gelernt«.

Auf ausgedehnten Spaziergängen tauschten sie sich über die Fortschritte ihrer Arbeiten aus. Sie liefen durch die engen Altstadt-Gassen Roms, dann Richtung Parkanlage Villa Borghese auf dem Pincio. Vorbei an Schmuckverkäufern und Zeitungsständen, über die Piazza di Spagna, tagsüber eingenommen von Touristen. »Oft, wenn man die Spanische Treppe hinauf- oder hinuntergeht, findet man die Blumenstände an ihrem Fuße verdrängt von Filmaufnahmeapparaten, die ihre Objektive hierhin und dorthin schwenken, um auf diesem bewegtesten aller Hintergründe das Leben des heutigen Tages sich abspielen zu lassen. Man kann, je nach Wunsch, teilnehmen oder zuschauen, und es ist unterhaltend zu beobachten, wie im Augenblick, da sie sich ihrer unfreiwilligen Statistenrolle bewusst werden, die Männer zu stolpern und die Frauen zu schweben beginnen«, schilderte Marie Luise das Getümmel an diesem Platz. Die Stufen hinauf zur Trinità dei Monti, die versteckte Straße unterhalb der Villa Medici entlang zur Villa Borghese. Dann ein kurzer Halt, um die Aussicht auf Rom zu genießen, auf das historische Zentrum. Direkt vor ihnen die imposante Piazza del Popolo mit den Zwillingskirchen, in der Mitte der ägyptische Obelisk und die vier wasserspeienden Löwen. Dann ging es hinein in den Park, die Zikaden lärmten, Marie Luise und

Ingeborg Bachmann spazierten über die meist staubige Allee mit Steineichen, Akazien und Ulmen, gesäumt von Marmorbüsten. Einmal, als sie dort unterwegs waren, schien Ingeborg Bachmann während ihres Gesprächs plötzlich weit weg zu sein, erinnerte sich Marie Luise: »Meine Freundin, die doch selbst das Zusammensein herbeigeführt hatte, sah mich nicht mehr oder doch nur mit äußerster Gleichgültigkeit an, und nichts, was ich sagte, fand sie der Mühe des Zuhörens wert. Was [...] auf einem Unwohlsein beruhen konnte und doch zu einem Zukunftstraum, zu einem Angsttraum wurde: so wird es einmal sein, wir reden und reden, wir räumen Schatzkammern aus, aber alles wird zu Blech und Glas. Und wir werden von der Unruhe, der Unlust des andern ergriffen, schweig doch, ja ich schweige ja schon, eines Tages schweigen wir alle, noch einen Espresso, auch das nicht, also nicht.«

Ingeborg Bachmann wird als introvertiert, sensibel und eigenwillig charakterisiert, als suchend und rastlos. Sie litt unter Ängsten und Depressionen, galt als tablettensüchtig. Marie Luise konnte mit ihrer Art umgehen. Sie verstanden sich nicht nur untereinander gut, sie hatten auch gemeinsame Kontakte, etwa zu Paul Celan: Ingeborg Bachmann und er waren Ende der Vierziger ein Paar gewesen, Marie Luise und Paul Celan kannten sich seit ihrer Begegnung in Frankreich 1948 persönlich.

Iris war ebenfalls mit Ingeborg Bachmann befreundet, und Marie Luise berichtete ihr im Juli 1954: »Nachher kam ein richtiger Krankenbesuch, nämlich bei Ingeborg, die ganz zusammengebrochen ist, Gefäßkrämpfe, fast kein Puls mehr, wahnsinnige Untertemperatur, sie musste 4 Tage ins Krankenhaus, und wenn es nicht so entsetzlich viel Geld kostete, ginge sie am allerliebsten dorthin zurück. Sie tat mir so leid, in dem dunklen und schrecklich lauten Zimmer und so allein ...«. An Ingeborg Bachmanns Krisen nahm Marie Luise viel Anteil, versuchte für sie da zu sein, auch später, als sie nicht mehr beide in Rom lebten. Ihre Freundschaft: beständig.

Doch im selben Brief konnte Marie Luise Iris auch Erfreuliches vermelden – nämlich dass das Buch, in dem Rom und Italien im Mittelpunkt standen, fast fertig war: »Ich habe ziemlich viel gearbeitet und Madame Lasswitz hat abgeschrieben, sodass es jetzt schon ein richtiges dickes Manuskript von dem Tagebuch gibt. Zwanzig bis dreißig ›Stücke‹ noch, dann will ich es abschließen, ich bin des trockenen Tones schon satt und sehne mich zurück zur Poesie.«

Marie Luises Italien: Engelsbrücke. Römische Betrachtungen

»Es ist schwer in Rom zu leben, genauer gesagt, sein eigenes Leben zu leben. Die Spannungen, denen man hier ausgesetzt ist, sind nicht die gewohnten, nicht die, aus denen wir unsere Kraft zu schöpfen gelernt haben. Wohl kann man die Gegensätze, welche diese Spannungen bewirken, auf einfache Formeln bringen: Vitalität und tödliche Schwermut, brausende, lärmende Gegenwart und schwere, belastende Vergangenheit, Augenfreude und Erfahrung sozialer Not. [...] Nur für Ferienreisende ist Rom noch ein Museum oder ein historisches Seminar. Es ist eine moderne Großstadt, eine brüllende, ratternde Verkehrshölle, in der gehetzte und mürrische Leute ihren mühsamen Tag bestehen. Es ist ein verwirrendes Nebeneinander widersprechender Erscheinungen und eine geheimnisvolle Einheit zugleich.«

Mit diesem Text, *In Rom zu leben*, beginnt *Engelsbrücke. Römische Betrachtungen*, das Buch, an dem Marie Luise in den vergangenen Monaten gearbeitet hatte. 170 kurze Texte sind es, Essays und Erzählungen, in denen sie Fragen des Schriftstellerlebens reflektiert und Arbeitsvorhaben skizziert, von römischen Straßenszenen oder Besuchen besonderer Orte berichtet, über Kriegserlebnisse schreibt, Gedanken zu Fragen der Gegenwart notiert und dabei häufig den Bogen vom zunächst Unscheinbaren zum großen Ganzen spannt. In erster

Linie aber geht es um das Leben in Italien, ihr römisches Leben und die Frage: Wie hatte sich ihr Verhältnis zur Stadt entwickelt, inwiefern war Rom noch eine Heimat für sie?

»Als eine ewige Autobiografin, eine im eigenen Umkreis befangene Schreiberin, werde ich, wenn überhaupt, in die Literaturgeschichte eingehen, und mit Recht. Denn meine Erfindungsgabe ist gering. Ich sehe und höre, reiße die Augen auf und spitze die Ohren, versuche, was ich sehe und höre, zu deuten, hänge es an die große Glocke, bim bam«, schilderte sie ihre Arbeitsweise. So auch nun: Neugierig tauchte sie in den italienischen Alltag ein, beobachtete das Stadtleben und ihre Umgebung, notierte und dokumentierte auf diese Weise ein Bild von Rom aus ganz unterschiedlichen Perspektiven.

Marie Luise setzte fort, was sie bereits zuvor in ihren früheren Arbeiten über Italien begonnen hatte – sie verglich ihre früheren Rom-Aufenthalte und stellte den starken Kontrast dar, den sie nun, in den Fünfzigerjahren, immer deutlicher wahrnahm: »Beim Aufschreiben zeigt sich ja das Nebeneinander von Heute und Gestern, auch seine Untrennbarkeit, da ja die Summe des wirklichen Lebens jeden neuen Eindruck bestimmt.« Diese Gegensätze in Rom faszinierten sie. Hier die unübersehbare Vergangenheit, dort die rapide wachsende, hektische Metropole voller Menschen; Schwermut neben Lebensfreude und Leichtigkeit, unfassbare Schönheit neben Verfall. Hier das Bekannte, dort der unaufhaltsame Wandel. Einige Jahre zuvor hatten diese scheinbaren Widersprüche Marie Luise noch verunsichert, doch jetzt reizte sie genau diese Gleichzeitigkeit von Gegenwart und Geschichte.

Wie Marie Luise ihre »Quaderni« plünderte

Marie Luise führte kleine Merkhefte. Sie passten in die Handtasche, um sich auch unterwegs Notizen zu machen: Begegnungen, Zitate, Landschaftsbeschreibungen, Ideen zu Form und Inhalt neuer Bücher, aber auch Kochrezepte hielt sie fest, oder fertigte kleine Zeichnungen. »Ich, auf meinem Bett, auf einem Liegestuhl, im Gras sitzend, immer mit angezogenen Knien, auf den Knien das Schreibheft, das Kinderschulheft, in das ich Gedichte schreibe, oder Bruchstücke von Gedichten, oder Prosa, eine Stunde, zwei Stunden, dann werde ich ungeduldig, dann habe ich genug. [...] Es sind alles Versuche, vieles wird ausgestrichen, die Seiten, auf die das blaue Winterlicht der Wiesenau in Frankfurt oder das grelle Junilicht der römischen Terrasse gefallen ist, sehen am Ende wie Schlachtfelder aus. Wie im Panzerschrank sitze ich, sehe nichts, höre nichts, auf der Heftseite begibt sich etwas, was meine höchste Aufmerksamkeit verlangt.« Später wertete sie diese Kladden aus, bildete Zusammenhänge zwischen einzelnen Notizen, verfremdete die Stichpunkte für ihre Erzählungen, Gedichte und Essays. Sie wollte Erlebnisse dokumentieren, versuchte, sie nicht in Vergessenheit geraten zu lassen, wie »ein Fischer, ein Menschenfischer, Lebensfischer«.

Die Idee zu ihrer Tagebuchprosa hatte sie bereits viele Jahre zuvor, im Winter 1939/40 gehabt: »Plan eines Prosabuches. Die Woche vor Kriegsausbruch in Bollschweil als Ausgangspunkt, Gedanken, Träume,

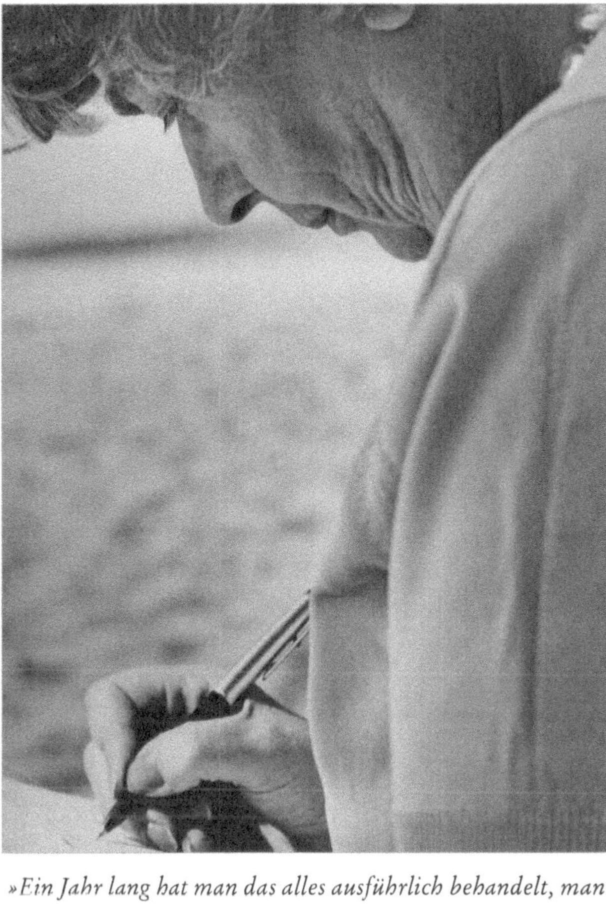

»Ein Jahr lang hat man das alles ausführlich behandelt, man wollte so vielem auf die Sprünge kommen, dem schönen, grausamen Tier Leben und der schönen grausamen Stadt.«
Marie Luise Kaschnitz, in den 1960er-Jahren

Begegnungen, tagebuchartig«. Jetzt, mit *Engelsbrücke*, setzte Marie Luise die Idee endlich um, zeichnete auf, was sie erlebte und beschäftigte, »nicht nur Römisches und durchaus nicht nur Gegenwärtiges, ein Mensch unserer Tage in dem sehr alten und sehr neuen Rom.« Von Anfang an waren diese Texte dazu bestimmt, veröffentlicht zu werden. »Ein Jahr lang hat man das alles ausführlich behandelt, man wollte so vielem auf die Sprünge kommen, dem schönen, grausamen Tier Leben und der schönen grausamen Stadt.«

Von nun an bestimmte diese Form autobiografischen Charakters ihre Arbeiten: *Wohin denn ich* (1963), *Tage, Tage, Jahre* (1968), *Steht noch dahin* (1970), *Orte* (1973). Damit einher ging auch ein veränderter Stil, Marie Luises Sprache wurde nüchterner, knapper, dichter.

Tagebuch schrieb sie, um etwas festzuhalten, den Blick zu schärfen und sich zu konzentrieren, aber auch als eine Art Selbstbefragung, erklärte Marie Luise: »Wer ein Tagebuch schreibt, überliest manchmal die vorübergehenden Seiten, überlegt sich, was ist es, das ich gesehen und bedacht habe, was ist es, das mir des Aufschreibens wert erschien. Das Schamgefühl gegenüber den zu persönlichen Dingen schließt manches aus, wenigstens wenn man nicht mehr zwanzig Jahre alt ist. [...] und es fällt mir auf, wie oft ich versucht habe, den täglichen Eindrücken, aber auch den Erinnerungen eine ganz bestimmte Seite abzugewinnen, die nämlich, die im Zusammenhang mit dem Bleibenden, die nicht nur hier und von heute, sondern ewig ist.« Marie Luise versuchte also durch das Tagebuchschreiben auch eine Form der persönlichen Positionierung – wie stand sie zur Vergangenheit, zur Gegenwart, zur Zukunft?

Neben dieser Tagebuchprosa wandte sie sich seit Anfang der Fünfzigerjahre auch einer anderen neuen Textform zu, dem Hörspiel: »Es ist auch sehr reizvoll, dass das Hörspiel nur auf das Wort gestellt ist und dass man historische und biblische Gestalten reden lassen kann, ohne damit bestraft zu werden, dass man sie eines Tages in Brustpanzern und wallenden Gewändern auf der Bühne erblicken muss«, betonte sie den Vorteil gegenüber dem Drama. Sie berichtete Iris im Januar 1954: »Ich habe die *Caterina Cornaro* fertig, zu schade, dass Du sie nicht noch lesen konntest. Es fehlt nur noch die kleine Zwischenszene. Lodl[7] las das Opus gestern Abend und fand den Dialog sehr gut, auch die Idee mit der Kinderaufführung. An nichts arbeite ich mit so viel richtigem Spaß wie an diesen Spielen – es tut mir direkt leid, dass ich fertig bin.« Die Geschichte der historischen Figur Caterina Cornaro hatte Marie Luise in einem Buch über Venedig gefunden.

In Rom prallten ihre Erfahrungen und die neuen Eindrücke aufeinander: »Man spürt, dass man sich verteidigen muss: gegen die Übermacht der Geschichte, gegen den Materialismus und die Oberflächlichkeit der Geschäfts- und Fremdenstadt, gegen die kreatürliche Schwermut, die der Agro Romano von jeher ausgeströmt hat. Man versucht, sich auf sich selbst zu besinnen, kramt das Mitgebrachte aus, mehr als ein halbes Leben der Erfahrungen und Erinnerungen, und sieht mit Entsetzen, wie dieser Schatz unter den Händen zerrinnt. Dann wieder vergisst man und gibt sich hin, etwa dem Doppelgesicht zweier Pinienkronen im honigfarben Himmel, und schon ist alles zurückgekehrt, hat wieder Sinn und Gestalt. So heißt es, sich zu hören und sich zu geben, sich zu besinnen und sich zu sehen zugleich«, beschrieb Marie Luise den persönlichen Prozess, den sie nun in Rom durchlief.

Zehn Jahre nach dem großen Krieg sollte das Buch ursprünglich heißen, dann entschied sich Marie Luise, die Überschrift eines der anderen Texte als Titel zu verwenden. Den ersten Titel verwarf sie, denn er »hat schon an sich etwas Erschreckendes, er bedeutet die Einstellung nach rückwärts«. Sie beschäftigte sich viel stärker mit der Gegenwart, hörte auf, zurückzublicken, und begann, ihre Beobachtungen kritischer zu reflektieren, nahm Stellung zu sozialen Fragen – wenn auch zunächst zurückhaltend. Sie schaute bei sozialen Problemen oder bei prekären Lebensverhältnissen, etwa im Arbeiterviertel Trastevere, nicht weg. Diesen Stadtteil kannte Marie Luise durch ihre Aufenthalte bei Freundin Spinni sehr gut. Aufmerksam verfolgte sie, was dort in der Nachbarschaft geschah, Informationen, die ihr fehlten, ergänzte Portiersdame Signora Elisa, im verwaschenem Kittel, die Haare zerzaust. »Hier verletzt man sich nicht, wie vielleicht in den feinen Wohnungen in den Parioli, mit spitzen Worten, sondern mit dem Messer, bei dessen Verwundungen man wenigstens um Hilfe schreien und bemitleidet werden kann. Die Polizei verfährt nach der Art mancher Eltern, die mit der Begründung, das sollen die Kinder unter sich ausmachen, Geschwistertragödien geflissentlich überhören und übersehen.«

Der ständige Lärm, die verpestete Luft – die starke Motorisierung dieser Zeit beschäftigte Marie Luise sehr. Beschreibungen davon tauchen immer wieder in ihren Texten auf, auch in *Engelsbrücke. Römische Be-*

trachtungen. Auf der Piazza dell'Esedra, der heutigen Piazza della Repubblica, beobachtete sie »das kreisförmige und kreuzweise rasche Dahingleiten zahlloser Fahrzeuge, jähes Bremsen und Weiterschießen, Knäuel, festgefahren und wie spielend entwirrt. Menschen, die vor Kühlerhauben hinspringen, am Rande des Platzes wie in stillerem Gewässer sich aufrichten«. Und wenige hundert Meter weiter, an der Piazza Barberini, folgende Szene: »Menschen, seltsam verwandelt, in metallenen Schalen«, Autofahrer wie Fremdkörper. Die Fußgänger hingegen konnten sich widersetzen und die Natur auf sich wirken lassen, denn: »Während die Schalentiere dahin rasen, stehen sie noch unter freiem Himmel, benetzt der Wasserstaub noch ihre Gesichter, reißt der Wind noch an ihren Haaren, riechen sie noch den bitteren Duft der Erde, der den fallenden Platanenblättern entströmt.« Für Marie Luise zerstörte der Verkehr ihr persönliches Stadtbild Roms und die Umgebung. Verließ man das Zentrum, geriet man zwischen den Hochhaussiedlungen sofort in ein Gewirr aus Ausfahrten, Zubringern, Straßenringen, die niemals die schnell wachsende Zahl an Autos fassen würden. Marie Luise spitzte zu: »Rom stand nicht mehr fest, brauste und brandete, zuckte und knatterte, würde in die Luft fliegen, eine unwirtliche Kunstgeschichte, die sich nur mitternachts noch verwandelte in eine herrlich dunkel-blaue Stadtlandschaft voller musikalischer Architekturen und schwarzer Pinienkronen im künstlichen Licht.«

Trotz aller Kritik an der Großstadtwirklichkeit: Rom blieb an manchen Orten authentisch, wie beruhigend! Marie Luise machte Rundgänge durch bekannte Straßen, vorbei an ehrwürdigen Palazzi und Denkmälern, dann durch die engen Gassen Trasteveres, auf die Tiberinsel, beschrieb die Aussicht vom Gianicolo oder den Weg zur Engelsburg: »Das ehemalige Kaisergrab wird jetzt zuweilen angeleuchtet, der Renaissancebalkon ist eine kleine, rötliche Herzkammer, hinauf zum Bronzeengel auf der Plattform tasten breite Strahlen, die Engel drunten auf der Brücke scheinen im Schatten ihre Flügel zu bewegen. Am Tage ist alles nüchterner, von den marmornen Engelfiguren können einem nur wenige gefallen, der mit der Dornenkrone vielleicht oder der Inschriftträger, diese leidenschaftlich klagenden Bernini-Gestalten, oder der Engel mit den Kreuznägeln, mit seinem hoffärtig-spöttischen Knabengesicht. Die andern sind fad und gefallsüchtig«.

Andere Male ließ sie die klassischen Touristenorte und prachtvollen Paläste beiseite, suchte die eher unbekannteren Plätze und Gegenden auf, etwa Tor Pignattara, einen Vorort mit Hochhäusern und Autowerkstätten. Dort befindet sich ein Mausoleum aus dem 4. Jahrhundert: »Ein seltsames Durcheinander der Zeiten ist da entstanden, agro romano, Katakombe, Soldatenfriedhof, Kirche und Fußballplatz, alles durchsetzt von Benzinschwaden und dem Motorenlärm der immer dichter herandrängenden Stadt. Im römischen Grab liegt niemand mehr begraben, in der katholischen Kirche wird keine Messe mehr gelesen, sondern für die christliche Jugend Theater gespielt.« Römischer Alltag und architektonische Zeugnisse der Vergangenheit. »Die Torre aber [...] gibt dem Ort eine melancholische Würde, der Geruch des frischen Grases und der schwarzen Erde und die leidenschaftlichen Rufe der spielenden Kinder erwecken die Empfindungen eines zeitlosen römischen

Lebens und einer, bei aller Armut und Verwahrlosung, unverwüstlichen Kraft.«

Natürlich gehörten auch Begegnungen mit Römern und Römerinnen zu den Facetten ihres Alltags in Italien. Einmal verfolgte Marie Luise, wie drei Mütter mit ihren spielenden Kindern umgingen: Sie »sollen in der Sonne bleiben, in den Schatten gehen, kein Wasser trinken, doch Wasser trinken [...] Die Ermahnungen der Erwachsenen laufen ab wie warmer Sommerregen, alles, was von ihnen kommt, ist nur Aufschub, nur eine kleine Verzögerung des notwendigen Tuns. Man muss zu den Oleanderkübeln hinüberlaufen, ein wenig Erde in die Hand nehmen und sich diese Erde in den Mund stopfen, rasch, fest, bis man beinahe erstickt. Man muss sich mit beiden Füßen in die Pfütze stellen und spüren, wie die eiskalte Feuchtigkeit durch die Sohle dringt und die Söckchen hinaufsteigt bis zum nackten Bein« – bis die drei Damen entdeckten, dass ihre Kinder in einem unbeachteten Moment genau das taten, was sie nicht sollten. Das Geschrei war groß, doch Marie Luise beobachtete: »Schließlich endet alles in Küssen, in der grenzenlosen Anbetung, die alle Kinder dieses Landes erfahren, nicht nur die vom Chauffeur in der Mittagsstunde aus der Villa Borghese heimgeholt werden, auch die am Campo di Fiori mit dem Abfall der Metzgerstände spielen, auch die in den eisigen Bergorten ums Straßenfeuer sitzen, wenn der Abend beginnt. Ciao, bellezza, kleine Schönheit, kleine Unsterblichkeit unseres vergänglichen Seins.«

Jetzt, fast zehn Jahre nach Ende des Zweiten Weltkrieges, war das Verhältnis zwischen Deutschland und Italien immer noch schwierig, fand Marie Luise: »In den Buchläden [...] findet man neben ganzen Tischen voll französischer und englischer Bücher in der Originalsprache und in Übersetzungen kaum ein einziges deutsches Buch. Man muss sich das einmal klarmachen: Deutschland ist noch nicht im Gespräch, wenigstens nicht das andere, das neben dem Wirtschaftswunder und dem Wiederaufbau der materiellen Werte doch auch existiert. Ansätze zu einem geistigen Austausch sind vorhanden, aber schon gehen Respekt und Furcht wieder Hand in Hand, und die Gefahr, dass jene Ansätze verkümmern, ist groß. Nach 1945 war der große Aufschwung der Zwanzigerjahre vergessen, die Welt des 19. Jahrhunderts endgültig versunken, was an Gefühlen für das deutsche Geistesleben übrig blieb, war Gleichgültigkeit im besten Fall.«

Eines Tages besuchte Marie Luise die Gedenkstätte des Attentats an den *Fosse Ardeatine*, den Ardeatinischen Höhlen, südlich von Rom. Im März 1944 hatten die deutschen Besatzer hier 335 Menschen hingerichtet – politische Aktivisten, Antifaschisten und Juden. Zuvor hatte die italienische *Resistenza* in Rom einen Anschlag verübt, bei dem 33 deutsche Soldaten starben. Für jedes dieser Opfer sollten zehn Personen der Gegenseite erschossen werden, auf Befehl von Hitler.

Sachlich und behutsam schilderte Marie Luise ihren Rundgang über das Gelände, ihr blieb »die tropfnasse Grabfinsternis unter der Betonplatte am nachhaltigsten im Gedächtnis, das furchtbar Abschließende jedes Todes, aber auch das gewaltsame Ersticken und Verbergen dieser besonderen Hinrichtung sind in der einfachen Anlage erschütternd zum Ausdruck gebracht.« Ein italienischer Freund begleitete sie. »Er war es, der mir angesichts meiner wachsenden Bedrückung erzählte, dass unter den Toten auch ein SS-Mann des Erschießungskommandos, ein Verweigerer des furchtbaren Auftrags, gewesen sei.«

Diese Sehnsucht nach dem Süden

»Im Grunde war alles nach Hause geschrieben, in das Nebelland, für Menschen, die von Rom, und vom sonnigen Süden überhaupt, eine ganz bestimmte Vorstellung haben, und die Goldorangen glühen im dunklen Laube ja auch tatsächlich, aber von Orangen wird niemand satt, und Ferien von der Zeit gibt es nicht mehr.« Ein sonniges Land mit Pinien und Palmen, Zitrusbäumen, Lavendel- und Thymiansträuchern, dem Meer – der Italien-Mythos schien unerschütterlich. Vor allem in Deutschland hielt sich ein Bild aufrecht, das unzählige Italien-Reisende und insbesondere Goethe mit der *Italienischen Reise* sowie dem Lied der *Mignon* geprägt hatten.

Kennst du das Land, wo die Zitronen blühn,
Im dunklen Laub die Gold-Orangen glühn,
Ein sanfter Wind vom blauen Himmel weht,
Die Myrte still und hoch der Lorbeer steht –
Kennst du es wohl? Dahin! Dahin
Möcht ich mit dir, o mein Geliebter, ziehn!

In der Nachkriegszeit, ab Mitte der Fünfzigerjahre, entwickelte sich Italien zu dem Lieblingsreiseziel der Deutschen. Etwa 2,5 Millionen deutsche Touristen verbrachten ihren Urlaub 1955 in Italien, 1958 waren es über vier Millionen. Der Aufschwung der Automobilindustrie verstärkte diesen Prozess – Reisende aus Süddeutschland waren in wenigen Stunden in Italien und der Tourismus wurde zu einem wichtigen Wirtschaftssektor.

Schlager, Reklame, Illustrierte und inzwischen auch das Fernsehen zeichneten in Deutschland das Bild von *Bella Italia* als einem Ferienparadies, das sämtliche Sehnsüchte zu erfüllen schien. Nach Unbeschwertheit, ein wenig Exotik, einem lässigen *dolce far niente*: »Komm ein bisschen mit nach Italien, komm ein bisschen mit ans blaue Meer, und wir tun, als ob das Leben eine schöne Reise wär'. Komm ein bisschen mit nach Italien, weil sich das lohnt, denn am Tag scheint dort die Sonne, und am Abend scheint der Mond«, trällerten Caterina Valente und Peter Alexander 1955. Die Touristen aus dem Norden suchten den blühenden Zitrusbaum, die rote Sonne, die Leichtigkeit. Doch die Lebensrealität Italiens gab das nicht überall wieder. Marie Luise erlebte ein anderes Italien, und sie stellte nüchtern fest: Orangen stillten nicht den Hunger. In Italien zu leben, bedeutete für sie weit mehr, als sich die gängigen Klischees bestätigen zu lassen.

Etwa die malerische Kulisse der Amalfiküste, die verwinkelten Buchten, die idyllischen kleinen Örtchen, die schroffen Felsen – Marie Luise und Guido genossen durchaus die Schönheit dieser Landschaft, sie fuhren häufig dorthin: »Der Salzgeruch, der Zitrusblütengeruch, das Geräusch der Trillerhupen auf der Serpentinenstraße, das Anschlagen der Brandungswellen in der Tiefe. Wie man auf einer Eisenleiter ins Wasser stieg, von den Wellen gepackt und gegen die Sprossen geworfen wurde. Bei schönem Wetter warteten dort die Bootsleute aus dem Hafen, die hageren jungen Familienväter, auf eine Fahrt in die Grotta Esmeralda, den kleinen Verdienst«, erzählte sie von den unbeschwerten Tagen in dieser Region.

Was jedoch die klassischen Italien-Urlauber als »Fischerromantik« wahrnahmen, sah Marie Luise ganz anders: »Äußerste Bedürftigkeit, ein wenig Märchenglanz und große Würde der Armen bei den Einwohnern der Küstenorte an der salernitanischen Bucht.« Gastfreundlich und stolz erlebte sie die Menschen dort. Sie erzählte die Geschichte eines Kutschers, den sie und Guido von früher kannten. Er hatte sie zuvor die Küstenstraße entlang gefahren und lud sie jetzt zu sich nach Hause ein. Er war Alkoholiker, hatte seine Anstellung als Kutscher verloren und arbeitete nun als Nachtwächter an einer Garage. »An dem Tag seiner Einladung aber tat er alles, um uns seinen kläglichen Zustand nicht merken zu lassen. Er rasierte sich, zog seinen guten Anzug an, lieh von einem andern Kutscher das Pferdegespann, um seine Gäste abzuholen.« Es gab süßen schwarzen Kaffee, seine Frau zeigte die in den Felsen gebaute Wohnung. »Im Schlafzimmer, in dessen beiden Betten die acht Menschen schliefen, ihr Erbteil und ihr Stolz: Heiligenfiguren unter hohen Glasstürzen [...] alle aus Wachs in Samt und Seide gekleidet, die Gewänder mit funkelnden Glassplittern benäht.« Wertschätzend und einfühlsam schilderte Marie Luise den Besuch. Sie, die adelige Offizierstochter, war in anderen Lebensverhältnissen aufgewachsen.

Ein weiteres Problem des Tourismus nahm sie wahr: »Mit der Gastlichkeit der Klöster für die ermüdeten Wanderer mit den persönlichen Fragen und persönlichen Erquickungen ist es vorbei. Noch im Jahr 1925 hatten wir einen Weg von fünf oder sechs Stunden über das Gebirge nach Subiaco gemacht. Jetzt fährt der Autobus vor die Tür des Klosters, und es findet eine eilige Massendurchwanderung statt.« Diese Entwicklungen – die rasch steigende Zahl der Touristen – erforderten Eingriffe in die Landschaft. So wurden die Küsten durch »breite Autostraßen, Hochhäuser und eine nicht endenwollende Reihe von Badeanstalten ›zivilisiert‹, das heißt bis zur Unkenntlichkeit verschandelt«. Was Marie Luise nicht gefiel, schienen die Italiener hingegen zu schätzen: »Für die Römer aber war damit das Meer erst eigentlich genießbar geworden, ein Stück Menschenwelt, in der einem das Element nichts anhaben kann.«

Einmal, als sie unterwegs war, ruhte sich Marie Luise an einem heißen Tag am Quirinalsplatz aus. Sie nahm bewusst die Schönheit des Platzes wahr, aber auch, dass keinerlei Natur zu sehen war: »Jedenfalls von dort, wo ich saß, konnte ich nicht das geringste Grün, weder Laubwerk noch Grashalm, auch keine Handbreit Erde sehen. Solche Lust an der Austilgung des Vegetativen schien mir schon immer ein besonderer Wesenszug der Italiener, römisches und vorrömisches Erbe, Umgrenzung, Eindämmung des Eigenen gegen den Wildwuchs, gegen alles Fremde, Bedrohliche der Natur«. Sie selbst jammere dagegen über jeden kranken Baum.

»Ein Tagebuch zu Ende bringen macht vieles augenfällig, zum Beispiel die Kürze eines Jahres – schon wieder wehen über die Straßen die schönen Blätter der Platanen, wieder erhebt sich in der Altstadt der Geruch der Holzkohlefeuer, wieder werden auf den Spielplätzen in der Villa Borghese die Kinder aus dem Schatten in die Sonne getrieben. Morgen ist auch noch ein Tag, aber da soll nun nichts mehr aufgeschrieben werden, nur

Henselstrasse 26
Klagenfurt

den 15. Oktober 55

Liebe Marie Luise,

damals habe ich Euch nicht mehr Leb wohl sagen können, weil Ihr noch nicht zurück wart von der Reise, und später habe ich den Brief immer wieder aufgeschoben oder er hat mich aufgeschoben,-wie mans will. Und von mir ist so wenig mitteilenswert im Augenblick, und rundherum ists auch so still, ein paar Bäume, die im Lauf der Jahre grösser geworden sind, ein Spätherbst mit dem üblichen roten Laub, zaghafter Sonne und erste Kälte. Auch der kleine Bruder ist gewachsen und geht in die erste Tanzstunde, und ich räume meine Blätter in die alten Laden ein, in denen noch Schulhefte liegen, 4. a und 7. a und Tagebücher, in denen fast jede Eintragung mit " Ich bin so verzweifelt" anfängt. Ich glaube, ich kann wegen einer ausgedehnteren Krankheit mindestens zwei Monate nicht aus dem Zimmer heraus, das hat sich auch ergeben in Wien, wo ich ein paar Tage lang war, um nach einem Wiener Domizil zu suchen, für später vielleicht; es war eine Idee, die verflogen ist, und nun bin ich ganz fröhlich hier.

Es wäre so lieb, wenn Du mir Deine römischen Betrachtungen schicken könntest; noch besser, vielleicht kann Claassen es tun. Ich wünsche sie mir so besonders, und sie sind überdies aus "meiner" Zeit. Und bitte, schreib mir von Dir und den Dingen, die entstehen, so oft Du kannst! Ich wills auch tun, aber alles fängt erst wieder langsam an; ich habe über drei Monate verloren, zwei durch Amerika.
Ich lege Dir zwei Zeitungsabschnitte aus österreichischen Zeitungen bei, zufällige Funde, die ich aus Familienstolz ausgeschnitten habe.
Ich denke viel an Dich!
Grüss bitte Iris und Deinen Mann vielmals und herzlich von mir.

Deine

Ingeborg

Brief von Ingeborg Bachmann an Marie Luise Kaschnitz vom 15.10.1955 ein paar Worte vielleicht in den Kalender gekritzelt«. Zwischen Cocktailpartys und Empfängen, Ausflügen in die Umgebung und Verabredungen mit Spinni, den Olschkis, Gustav René Hocke oder den Kestens hatte Marie Luise *Engelsbrücke. Römische Betrachtungen* fertiggestellt.

»Liebe Marie Luise,
damals habe ich Euch nicht mehr Lebwohl sagen können, weil ihr noch nicht zurück wart von der Reise, und später habe ich den Brief immer wieder aufgeschoben oder er hat mich aufgeschoben, – wie mans will. Und von mir ist so wenig mitteilenswert im Augenblick und rundherum ists auch so still, ein paar Bäume, die im Lauf der Jahre größer geworden sind ... und ich räume meine Blätter in die alten Laden ein, in denen noch Schulhefte liegen, 4.a und 7.a und Tagebücher, in denen fast jede Eintragung mit ›Ich bin so verzweifelt‹ anfängt. [...]

Es wäre so lieb, wenn Du mir Deine römischen Betrachtungen schicken könntest [...] Ich wünsche sie mir so besonders, und sie sind überdies aus ›meiner‹ Zeit. Und bitte, schreib mir von Dir und den Dingen, die entstehen, so oft Du kannst! Ich wills auch tun, aber alles fängt erst wieder langsam an; ich habe über drei Monate verloren [...]«, schrieb Ingeborg Bachmann aus Klagenfurt, die gemeinsamen Spaziergänge durch die Villa Borghese im Kopf.

»*Poetessa laureata*«: *Höhepunkt ihres Schaffens*

Im Herbst 1955 schien Marie Luise plötzlich verschwunden zu sein. Zumindest war sie nicht erreichbar, auf Nachrichten reagierte sie nicht. Marie Luise und Guido befanden sich auf einem Schiff zwischen Piräus und Neapel, sie waren auf einer fünfwöchigen Griechenland–Türkei-Reise unterwegs. Zwei Telegramme wurden nachgeschickt. Dann endlich drang die Überraschung zu Marie Luise vor: Sie sollte den Georg-Büchner-Preis erhalten, Bundespräsident Theodor Heuss persönlich würde die Festrede halten! Sofort brach Marie Luise die Reise ab, um rechtzeitig zu Hause zu sein, ihre Rede formulierte sie auf der Rückfahrt an der Schiffsbar.

»Mit Lob und Tadel ist es sonderbar bestellt. Der Tadel, die abfällige Kritik, ja selbst die viel gefürchtetere Nichtbeachtung rufen in uns eine Menge von Abwehrkräften hervor«, begann Marie Luise diese Rede, die sie am 23. Oktober 1955 in Darmstadt hielt. »Die öffentliche Anerkennung hat ganz andere Folgen, sie stimmt uns nachdenklich und kritisch gegen uns selbst, und vielleicht ist gerade das ihr tieferer Sinn.« Sie blickte auf ihre Arbeiten, dankte ihrem ersten Lektor Max Tau, der Ende der Zwanzigerjahre an sie geglaubt und ihre Erzählungen sowie ihren ersten Roman *Liebe beginnt* veröffentlicht hatte. Vor allem auf ihre Lyrik der Nachkriegszeit verwies sie: »All meine Gedichte waren eigentlich nur Ausdruck des Heimwehs nach einer alten Unschuld oder der Sehnsucht nach einem aus dem Geist und der Liebe neu geordneten Dasein [...] überall habe ich versucht, den Blick des Lesers auf das mir Bedeutsame zu lenken, auf die wunderbaren Möglichkeiten und die tödlichen Gefahren des Menschen und auf die bestürzende Fülle der Welt. Den billigen Trost, den manche Leser [...] erwarten, habe ich nie geben wollen.«

Weder Iris noch Guido konnten an diesem Tag dabei sein. Noch am selben Abend schrieb sie aus Darmstadt an Guido einen ausführlichen Bericht über die aufregende Preisverleihung: »Es ist überstanden und es war sehr schön. Es hat mir doch schrecklich leid getan, dass ihr nicht dabei wart. [...] Ich begrüßte den Landesvater, der mit mir ein Schnäpschen trank. Heute wachte ich entsetzlich früh auf, frühstückte, badete und versuchte mich so schön wie möglich zu machen. [...] Strahlendes Wetter, hinauf zum Hochzeitsturm. Fahnen, Fotografen, natürlich für Heuss. [...] Dann stieg Heuss aufs Podium und hielt eine Rede auf mich. Ich war starr, sogar die *Engelsbrücke* hatte er zu dem Zweck gelesen. Händeschütteln, Blitzlicht, dann ich aufs Podium. [...] In rasender Eile alles Liebe, *poetessa laureata*« – Marie Luise, die Dichterin mit Auszeichnung.

»Ich würde«, so der Bundespräsident in seiner Laudatio in Bezug auf *Engelsbrücke. Römische Betrachtungen*, »sollte ich das Buch rezensieren – etwa sagen: Rom, diese ungeheure Stadt, geschichtsträchtiger als jede andere und mit einer nie zerbrochenen Kontinuität des herrschaftlichen Seins, ab urbe condita, Rom ist wohl Hintergrund, manchmal vielleicht nur die Kulisse für Begebenheiten, für Reflexionen. Aber in diesem Rom ist, ist einfach durch sein Sein, ein *Anspruch* gemeldet.

Das will ich nicht pathetisieren. Denn da ist ja auch das Rom des hinlaufenden Alltags mit seinen Banalitäten und Trivialitäten und Gleichgültigkeiten, die reizvoll und töricht sein mögen. Aber es fordert vom rechten Betrachter einen rechten Gang der Betrachtung.«

Zahlreiche weitere Auszeichnungen folgten. Spätestens jetzt hatte Marie Luise einen festen Platz im Literaturbetrieb der Bundesrepublik.

1956 hieß es erneut Koffer packen – die Zeit in Rom ging zu Ende, Guido ging in den Ruhestand. In Frankfurt nahmen Marie Luise und Guido ihr Leben wieder dort auf, wo sie es verlassen hatten. Auf Besuch in Bollschweil, in der Familienheimat inmitten von Weinbergen, stellte Marie Luise fest: »Die große Überraschung nach Italien: Noch ist nicht die ganze Welt ein Inferno für die Ohren.« Aber natürlich dauerte es nicht lange, und Marie Luise fuhr wieder gen Süden, nach Neapel: »Das Haus, in dem Henze und Ingeborg Bachmann wohnen, Villa Rotonda, von der Straße her unwirtlich und zerlempert, mit zerfallener Treppe, aber schönem, stillem Innenhof [...] In Henzes Wohnung. Der große Salon mit rotblauen Majolika-Fliesen, roten Louis Philippe-Sofas, Kamin, Bücherschränken, ganz 19. Jahrhundert, kleines Esszimmer aus derselben Zeit. [...] Gespräch über das Haus, das im Spätjahr abgerissen wird, also keinen Winter mehr erlebt, über Ingeborgs Hörspiel ›Die Zigeunerin von Manhattan‹, in dem ein alter Mann ›den Eichhörnchen Futter bringt‹, in Zeitungspapier gewickelte Pakete, die in Wirklichkeit Sprengstoffladungen enthalten [...]. Über Griechenland und Indien, wohin Ingeborg im Dezember reisen will, Gruppeneinladung, die sich bei der Harvardeinladung ergab. (Was für erstaunliche Möglichkeiten der Jetztzeit! Früher hätte I. gelebt wie die E. Brontë, in einem einsamen Landhaus, in dem es spukt, jetzt wird auch ein so völlig unaktiver Mensch rund um die Erde gerissen.)« Bachmanns Hörspiel wurde später unter dem Titel *Der gute Geist von Manhattan* gesendet.

Ende der Fünfzigerjahre – das bedeutete Wirtschaftswunder und scharfe Debatten um den Aufbau einer westdeutschen Armee. Es bedeutete mit den Römischen Verträgen den Beginn einer europäischen Wirtschaftsgemeinschaft, die Bundesrepublik war der NATO beigetreten, und der Kalte Krieg spitzte sich weiter zu. Marie Luise notierte: »Gefühl einer rasend beschleunigten Entwicklung des Weltgeschehens, zum ersten Mal die Frage, ob wir (ich und meine Altersgenossen) den Menschen noch etwas zu sagen haben – etwas Entscheidendes, das nicht auch verschwiegen werden könnte. Immer wieder: der Schrei nach einer ›harten‹ Literatur, einem rüden Aussprechen der Sinnlosigkeit unserer Existenz.«

Trost und Ablenkung durch die Arbeit

1.9.1958: Guido um 9 Uhr gestorben – 4.9. Beisetzung in Bollschweil – 8.9. zurück nach Frankfurt – [...] 14.9. nach Bollschweil – 13.10. Iris nach Zürich und Rom – 21.10. allein heim

Im Herbst 1956 war bei Guido ein Gehirntumor entdeckt worden. Die Zeit bis zu seinem Tod war zermürbend. Große Geborgenheit, ihr wichtigster Kritiker und eine wesentliche Stütze für Marie Luise waren plötzlich fort. Die Zeit stand still. »Zwei Jahre gegen einunddreißig Jahre, und der Kampf hörte erst auf, als ich mich treiben ließ, ihm nach, und nichts mehr wollte und nichts mehr versuchte, da ließ er mich frei.«

Guido war beliebt gewesen, unzählige Weggefährten gedachten seiner. Auch aus Rom kamen Beileidsbekundungen, etwa von Schriftsteller-Freund Hermann Kesten, der wehmütig an die gemeinsame Zeit in Rom erinnerte. Der Tod ihres Mannes und das Ende dieser glücklichen Beziehung stürzte Marie Luise in eine Lebenskrise, in ihrem Werk deutlich als Zäsur erkennbar. Zunächst schien sie zu verstummen, ohnmächtig, außerstande zu schreiben, ihr Tagebuch enthält über längere Zeit keine Eintragungen. Später formulierte sie:

Schreibend wollte ich
Meine Seele retten.
Ich versuchte Verse zu machen

Es ging nicht.
Ich versuchte Geschichten zu erzählen
Es ging nicht.
Man kann nicht schreiben
Um seine Seele zu retten.
Die aufgegebene treibt dahin und singt.

Trost fand sie vor allem bei ihrer Tochter Iris und in der Familie, bei ihren Freundinnen und Freunden, in ihrem riesigen Netz aus Kontakten, in Rom, in Bollschweil, in Frankfurt. »Erst als ich, allein geblieben, die dreiunddreißig Jahre meiner Ehe überdachte, wurde mir klar, [...] dass wir trotz aller Gastfreundschaft und Hilfsbereitschaft niemanden haben eindringen lassen in unser Alleinsein zu zweit. Auch nicht das Kind? Nein, und ich erfuhr es mit Entsetzen, auch nicht das Kind«, erkannte Marie Luise. Rückblickend machte sie sich große Vorwürfe und hielt an ihrer Beziehung zu Tochter Iris intensiv fest.

»Eines Tages bin ich zurückgekommen, zurück woher, davon werde ich später sprechen, jetzt nur soviel sagen, dass ich fort war, lange und weit fort. [...] Als ich schon im Begriff war, ganz zu verschwinden, tatsächlich hatte ich die Erde aufgekratzt, um dir zu folgen, und war mit Trauer unter den Nägeln zurückgeblieben, denn die Erde hatte sich gesperrt.« In der Zeit, in der sie »fort war«, übernahm sie im Sommersemester 1960 sechs Poetik-Vorlesungen an der Frankfurter Goethe-Universität. *Gestalten europäischer Dichtung von Shakespeare bis Beckett* war ihr Thema, ihr Freund Adorno betonte im Anschluss »das in Deutschland unerhörte Novum« des Brückenschlagens zwischen

Dichtung und Wissenschaft. Marie Luise folgte damit Freundin Ingeborg Bachmann, die zuvor die erste Inhaberin der neu gestifteten Dozentur im Wintersemester 1959/60 war. Danach würde Marie Luise erneut einen besonderen Aufenthalt in Rom verbringen, 1961, als Ehrengast der Deutschen Akademie Villa Massimo.

Immer wieder Italien

»Wie mir zumut ist: nach wie vor schlecht, ich lerne es einfach nicht, allein, d.h. ohne meinen Mann zu leben. Ich habe viel Kuchen und süße Speise (... Erfolg meiner Erzählungen usw.), aber mein tägliches Brot habe ich nicht«, schrieb sie im Mai 1961 an einen Freund. Das Alleinsein hatte sie nicht selbst gewählt. In Frankfurt zwang sie sich, ihre Kontakte aufrechtzuerhalten, traf sich mit Adorno, nahm Einladungen des Verlegers Siegfried Unseld an, besuchte Tagungen oder empfing Freunde bei sich zu Hause. Marie Luises Erzählband *Lange Schatten* erschien 1960, zwei Jahre später der Lyrikband *Dein Schweigen – meine Stimme*. Viele Gedichte darin handeln von Tod, Vergänglichkeit und Verlust. »Ich versuchte weiterzuleben, indem ich dem, was mir widerfahren war, Gestalt gab.« Schreiben als schonungslose Trauerarbeit. »Mein neues Buch«, berichtete sie kurz darauf in der *Welt am Sonntag*, »ist eine auf Tagebuchnotizen aufgebaute, fortlaufende Erzählung, die Schilderung einer bestimmten, etwa ein halbes Jahr umfassenden Lebensepoche, die dadurch interessant sein könnte, dass das ›Ich‹, aus einem seltsamen Zwischenreich wieder auftauchend, die uns alltäglichen Erscheinungen mit neuer Wachsamkeit ins Auge fasst. Eine Lehrzeit, aber eine, die gegen Ende, nicht am Anfang des Lebens gemacht wird«.

Nach Rom reiste Marie Luise regelmäßig, mehrere Wochen oder Monate blieb sie dann dort – obwohl sie hier viel an Guido erinnerte, schließlich hatten sie in Rom lange Zeit miteinander verbracht. Wenn sie in der Stadt war, wohnte sie meist bei Tochter Iris, die inzwischen dort lebte, oder bei Freundin Spinni. Aber manchmal wich Marie Luise auch aus, genoss die Unabhängigkeit: »Nun, da ich keinem Quartier mehr zugehöre, gehören mir alle, und von meinem kleinen Hotel in der Nähe der Piazza Navona kann ich zu Fuß erreichen, was ich am meisten liebe, den Capitolsplatz mit dem in feierlicher Gebärde grüßenden Reiter Mark Aurel, die Farnesinischen Gärten auf dem Palatin, den Quirinalsplatz, von dem man zu der großartigen barocken Brunnenarchitektur der Fontana di Trevi hinuntersteigen kann.« Rom war ihr weiterhin eine Heimat.

Iris lebte in der Via del Gesù, gemeinsam mit der Schriftstellerin Ingrid Bachér, Mitglied der »Gruppe 47«, die gerade ihr erstes Buch veröffentlicht hatte. Ingrid Bachér hatte Marie Luise zuvor bei einer Lesung in Rom kennengelernt und sie tauschte sich mit Marie Luise über Arbeitsvorhaben aus: »Es war eine kollegiale Basis, die sehr schön war«, erinnerte sie sich.

Ingeborg Bachmann war inzwischen mit Max Frisch liiert und pendelte mit ihm zwischen Rom und der Schweiz. Auch Hermann Kesten und seine Frau waren noch hier und trafen sich mit Marie Luise. »Diese deutsche Dichterin ist zur Hälfte eine Römerin, und wie die Römer verstand sie es, die Traditionen der europäischen Kultur, heidnische Antike und Christentum, Archäologie und Gegenwart zu vereinen«, formulierte Hermann Kesten über Marie Luise. Zum damaligen römischen Freundeskreis gehörte auch die Autorin Luise Rinser. Sie wohnte seit 1959 in Italien, später baute sie bei Rocca di Papa ein Haus. Mit ihr, der gläubigen Katholikin, sprach Marie Luise über theologische Fragen, über ein Leben nach dem Tod. Nach einer Begegnung mit Luise Rinser und ihrem großen, aggressiven Polizeihund notierte sie jedoch: »Ich hatte das Gefühl, dass L.R. seine Beschützerrolle, ihre Macht und unsere Angst genoss«.

Die Freude war groß, als Marie Luise eine Einladung der Villa Massimo, der Akademie der Künste, erhielt, dort einige Monate als Ehrengast zu verbringen – sie hatte die Aussicht auf frische Impulse, Austausch mit neuen Kontakten und Zeit mit ihren alten Freunden.

Zu Gast in Rom: Villa Massimo

Vorgefunden zwei Staffeleien
eine beschmierte Palette
einen Geruch.
Ich will mir ein Bild machen
von dem tödlichen Ernst der Cypressen,
von den fröhlichen Schritten der Pergola
Grün soll nicht heißen Hoffnung
Weiß soll nicht heißen Unschuld
Schwarz soll nicht heißen Tod.

Marie Luise zog in eine der Atelierwohnungen in der Villa Massimo. Die Parkanlage liegt im Nordosten Roms, unweit der Piazza Bologna, eine Wohngegend abseits der Touristenorte. »Rings von der Stadt umgeben und doch von ihr geschieden, war man wie auf einer Insel und hörte nur von ferne die heftigen und zornigen Geräusche, die in Rom kaum ein paar Stunden lang zum Schweigen kommen.« Der Park: voller Akazien, Mimosen, alter Zypressen, in denen sich der Wind verfing, nachts schrien die Eulen.

Um die kleinen Terrassen vor den Ateliers rankten sich Efeu und lilafarbene Glyzinien, von hier schaute Marie Luise der Betriebsamkeit der jungen Künstler und Künstlerinnen zu. Mit ihnen, den Schriftstellern, Komponisten, Bildhauern und Malern, saß Marie Luise in der Schattenkühle, tauschte sich über ihre Arbeiten aus, die Grenzen zwischen unterschiedlichen

Disziplinen fielen. Und nachmittags traf man sich an der Boccia-Bahn. »Gegensätze: das Anrollen, leise, das Knallen, rasche laute Veränderung der ganzen Situation. [...] Herausspringen. Elektrische Birnen, drei an Drähten, die mittelste geht oft, bei starkem Anschlagen an die Bande, aus«, notierte Marie Luise. Sie fand Gefallen am Spiel.

Mit dem antiken oder barocken Rom wussten die meisten Stipendiaten nichts anzufangen, stellte sie fest: »Der eine oder andere kannte jemanden in der Innenstadt, fuhr dorthin mit dem Autobus, saß auf einer Dachterrasse und wollte nicht mehr zurückkehren an die Piazza Bologna, auf die schöne Insel im hässlichen Quartier. Italienisch konnte kaum einer, lernte es auch nicht in den neun Monaten, eine unfreundliche Legende will wahrhaben, dass die Worte ›Quanto costa‹ und ›troppo caro‹ die einzigen Versuche waren, mit der Außenwelt, auch mit Frauen, in Verbindung zu kommen. Über die alte, ursprünglich zum Schutz der Künstler erdachte Zölibatsregel gab es viel Streit, die Frauen mussten damals außerhalb der Mauern wohnen, also frühmorgens verschwinden, ehe die Putzfrau kam. Scheiß-Rom, Scheiß-Villa Massimo – nur dass, wer sich später irgendwo trifft, ganz anders redet und ganz anders gesinnt ist.«

Ein Jahr nach ihrem Aufenthalt in der Villa Massimo, 1962, ging Marie Luise auf eine große Lese- und Vortragsreise nach Brasilien, organisiert vom Auswärtigen Amt. Eine völlig neue Welt für sie. Sie wohnte an der Copacabana, fuhr nach São Paulo und am Rio Negro entlang in das Landesinnere. 1963 veröffentlichte Marie Luise *Wohin denn ich*, darin beschrieb sie tagebuchartig die Monate vor der Brasilien-Reise, Beobachtungen zum Zeitgeschehen, dann die Erlebnisse in Lateinamerika. Wieder zurück in Europa, ging es auch nach Rom, erneut in die Villa Massimo für einen Vortrag. »Boccia haben wir auch diesmal gespielt, und zwar am Tag nach meinem Vortrag, [...] bei dem ich auch alle meine alten Freunde wiedersah, unsere Freunde, die zu meinem Erstaunen noch immer genau dasselbe Leben führten, auch die selbe Geselligkeit pflegten [...] und sich in der für meinen Begriff so dämonisch verwandelten Stadt mit der größten Sicherheit und Ruhe bewegten. Tatsächlich wagte ich diesmal kaum, den von hohen Mauern umschlossenen Garten zu verlassen. Nicht nur die Straßen, sondern auch die Häuser schienen mir in eine heftig flutende Bewegung geraten zu sein und sich auf diese Weise jedem ruhigen Blick zu entziehen. Gebäude wie das Pantheon standen noch fest wie Klippen in der Brandung, aber schon erschüttert, schon abgenützt, man würde sich nicht wundern, sänken sie eines Tages lautlos in sich zusammen, allem Fremdenverkehr zum Hohn.«

Längst beschäftigte sich Marie Luise nicht mehr mit Rom als der zeitlosen, ewigen Stadt, die sie früher so schwelgerisch beschrieben hatte. In ihrem Gedicht *Rom 1961* etwa formulierte sie vielmehr eine Momentaufnahme der Stadt, ein Rom der Gegenwart, in dem ihr Unmut über die Veränderungen erneut deutlich wird. Insgesamt sei ihr Werk künstlerisch durch Rom und Italien stark geprägt worden, erklärte Marie Luise in einem Interview. Denn: »Man lernt dort Geschichte und lernt, sich gegen die Geschichte zu wehren. Ich glaube, dass man vor allem sehen lernt. Man hat viele Impulse durch Augenfreuden, und weil das Leben sich zum großen Teil draußen, nicht in den Häusern abspielt, erfährt man auch viel von den Menschen, viel mehr als hier«, verglich sie Italien mit Deutschland.

Ihre Sprache war inzwischen sachlicher und konzentrierter geworden, in ihrer Lyrik hatte sich Marie Luise von der traditionellen Ausdrucksweise wegbewegt. »Die Kritik hat mich die längste Zeit nur als Lyrikerin angesehen. Tatsächlich setze ich mich mit Vorliebe zwischen alle Stühle insofern, als man meine Gedichte episch, meine Prosa lyrisch und meine dramatischen Versuche sowohl episch wie lyrisch nennt.«

Rom und Italien, die Sprache und Mentalität, Kunst und Kultur – nach all den Jahren für Marie Luise vertraut. Viele Orte in Italien, die Marie Luise seit den Zwanzigerjahren kannte, hatten sich inzwischen stark verändert, etwa die Adriaküste, wo die Folgen des Tourismus und der Umweltverschmutzung deutlich sichtbar waren: Früher, erinnerte sich Marie Luise, hätten die Menschen noch Abstand zum Meer gehalten, die laute Brandung eher skeptisch beobachtet. »Was ich alles erlebt habe, die leeren Strände, die spärlich belebten, die übervollen, Körper an Körper den Sonnenstrahlen ausgesetzt, und die brutheißen Heimwege in der schleichenden Kolonne, und nun das Neueste, die Ölverschmutzung, die Wasserverseuchung, die Uferwelle, in die keiner mehr springen mag, mit den vergifteten, Bauch oben schwimmenden Fischen. […] Die Feriengäste sitzen »mürrisch im brutheißen, schwärzlichen Sand und schauen auf das trügerische Glitzern.«

Was Marie Luise in Rom dann in den Fünfzigern beobachtet hatte, verstärkte sich nun ebenso: die

Ausdehnung der Stadt. Hochhaussiedlungen verdrängten brutal die ländliche Landschaft. »Um den noch grün durchwachsenen leichteren Ring der alten Vorstädte legt sich der Zementwall der nach dem Krieg entstandenen hellen und doch trostlosen Zitadellen, und hohe Häuser mit Brandmauern stehen als Vorposten im noch straßenlosen, schlammigen Acker verstreut«, prangerte Marie Luise den Eingriff in die Natur an. An der Adriaküste beobachtete sie Ähnliches: »Der Strom der Wagen fließt vorbei an der Küste, an Gregorovius' einsames ›lateinisches Ufer‹, das jetzt bis nach Anzio hinunter fast lückenlos mit Sommerhäuschen bebaut ist, voller Motorenlärm und Jukeboxklänge, eine groteske und schäbige Architektur, und der Pinienwaldstreifen erscheint, vom Meer her gesehen, grau und krank.«

Diese Entwicklungen lösten bei Marie Luise großes Unbehagen und Skepsis aus. Gleichzeitig aber schärfte sich auch ihr Blick, es ergaben sich neue Impulse für ihre Arbeit. Sie fühlte sich gezwungen, sich mit ihrer eigenen Bereitschaft für Veränderungen auseinanderzusetzen und den Fortschritt nicht per se zu verteufeln: »Wer so oft wiederkehrt, der sieht nicht die schönen Fassaden allein; wie in vielen Vierteln ist er auch in vielen Lebenskreisen zu Hause und weiß, dass Rom kein Museum, sondern eine Stadt der Politik, der Verwaltung und der Wissenschaften, der großen Geschäfte und der sehr armen Leute ist. Eine Stadt der Schnellstraßen, die in eleganten Schwingungen unter der Erde verschwinden und aus der Erde wieder auftauchen, mit neuen Industrieanlagen vor den Toren, mit Flugplätzen und Filmstudios, mit Ausstellungen neuer Kunst und Manifestationen neuer Literatur, mit Fußballwettkämpfen und Wahlversammlungen und mit dem Ostersegen des Papstes ›urbi et orbi‹, der nicht nur Fremde, sondern auch viele Tausende von Römern auf den Petersplatz lockt.«

»Geh ein Wort weiter«: Marie Luises politisches Engagement

Halte nicht ein bei der Schmerzgrenze
Halte nicht ein
Geh ein Wort weiter
Einen Atemzug
Noch über dich hinaus

Marie Luises Interesse an der politischen Gegenwart und Zukunft schlug sich inzwischen stärker in ihrer Arbeit nieder. »Es sieht schlimm aus in der Welt. Aber wie es aussehen würde ohne die jahrtausendelangen Anstrengungen der Schreibenden, wir wissen es nicht.« Zwar verunsicherten sie die rasanten technischen Entwicklungen, gleichzeitig versuchte Marie Luise aber, zuversichtlich zu bleiben – sie hoffte auf Veränderung und Aufbruch: »Ich kann von dem leidenschaftlichen Wunsch, es möge besser werden, es möge friedlicher und gerechter zugehen, nicht ablassen. Meine Neugierde ist die eines Menschen, der jeden Tag auf einen Berg steigen möchte, damit ihm dort endlich das gelobte Land erscheint.« Es war die Zeit des Wirtschaftswunders, des Mauerbaus, der Spiegel-Affäre, des Endes der Ära Adenauer. Als eine wache Beobachterin beschrieb sich Marie Luise 1963: »Besondere Kennzeichen keine, ein Zeitgenosse also, genauer gesagt, eine Zeitgenossin, großäugig (damit ich dich besser sehen kann), großohrig (damit ich dich besser hören kann), stark und hinfällig wie wir alle und wie wir alle jung und uralt.« Ende des Jahres begann der Auschwitzprozess in Frankfurt am Main. An zwei Prozesstagen nahm Marie Luise gemeinsam mit ihrem Bruder als Privatbesucherin teil: »Ich setzte mich weit hinten hin und wartete zaghaft auf den Augenblick, in dem die Angeklagten ihre Plätze einnehmen würden. Sie kamen die kleine Holztreppe heruntergekollert wie eine Schulklasse, stießen sich an und lachten, was sie auch während der Verhandlung immer wieder taten. [...] Die Zeugen wurden aufgerufen, standen ihren ehemaligen Peinigern gegenüber, zitterten in der Erinnerung an ihre damalige Hilflosigkeit und Todesangst. Die andern, die doch jetzt Häftlinge waren, schienen noch immer die Herren zu sein.« Fassungslos darüber, was sie hier hörte, verarbeitete Marie Luise die Eindrücke unter anderem in ihren Gedichten und Kurzgeschichten – nicht bereit, die Augen vor der Vergangenheit zu verschließen.

Wenige Jahre später war Frankfurt neben Berlin ein Brennpunkt der Studentenbewegung. Unweit der Wohnung Marie Luises protestierten die Studierenden gegen autoritäre Strukturen und mangelnde Vergangenheitsbewältigung, gegen den Vietnam-Krieg und atomare Aufrüstung. Dann die Brandanschläge auf der Einkaufsstraße Zeil als Zeichen gegen den Kapitalismus, verübt von einer Gruppe, die sich später Rote Armee Fraktion nennen würde – Marie Luise verfolgte die Ereignisse mit großem Interesse, und sie wäre gerne stärker mit ihrer gesellschaftspolitischen Stimme wahrgenommen worden: »In den Interviews stellt man mir keine Fragen, die meine politischen Ansichten betreffen, mein Engagement, meine Progressivität. Niemand will wissen, ob ich es mit den Roten Zellen halte oder mit dem Papst, der den Zölibat gegen die Stimmen so vieler Bischöfe verteidigt. Die Frage, ob ich ein auf der Flucht befindliches Mitglied der Baader-Meinhof-Gruppe in meiner Wohnung versteckt hätte, ist mir nie gestellt worden. Stattdessen soll ich von Rom erzählen«.

Im März 1966 verkündete Marie Luise in einem Brief an Luise Rinser: »Ich habe, von Geld, das mir mein Bruder von einem Waldverkauf abgegeben hat, für Iris eine Wohnung in Rom gekauft, zunächst eine Bruchbude, aber sie wird hergerichtet, ist hoch oben in der alten Stadt (Ecke Corso und Via Vittoria) und kann sehr hübsch werden – ich freue mich schon auf Ihren Besuch dort.« Damit, so Marie Luise, erfüllte sich »ein Wunschtraum (Wunschtraum auch eines Toten).« Von der lichtdurchfluteten Wohnung aus ging der Blick über die begrünten Terrassen und die rostroten Dächer der Altstadt, zu den Kirchtürmen ringsum, zur Villa Medici hoch auf dem Pincio, in die andere Richtung zum Petersdom. Aus den engen Gassen-Schluchten drang der Lärm gedämpft nach oben. Gardinen gab es keine, wieso auch, die Wohnung lag höher als alle Fenster der Nachbarn. Die zwei Terrassen – eine weitläufig, eine weitere, kleine, über eine schmale Eisentreppe zu erreichen – voller Pflanzen: Kästen mit Rhododendron, Lorbeer, Hortensien, Wein, ein Zitronenbäumchen. Manchmal ließen sich Marie Luise und Iris zum Frühstück Espresso und Cornetto aus der Bar gegenüber hinaufbringen.

Hier, im Schatten des Sonnensegels, ließ es sich auch im Sommer gut aushalten, wenn sich unten die Hitze staute, die Sonne gnadenlos auf die Plätze knallte,

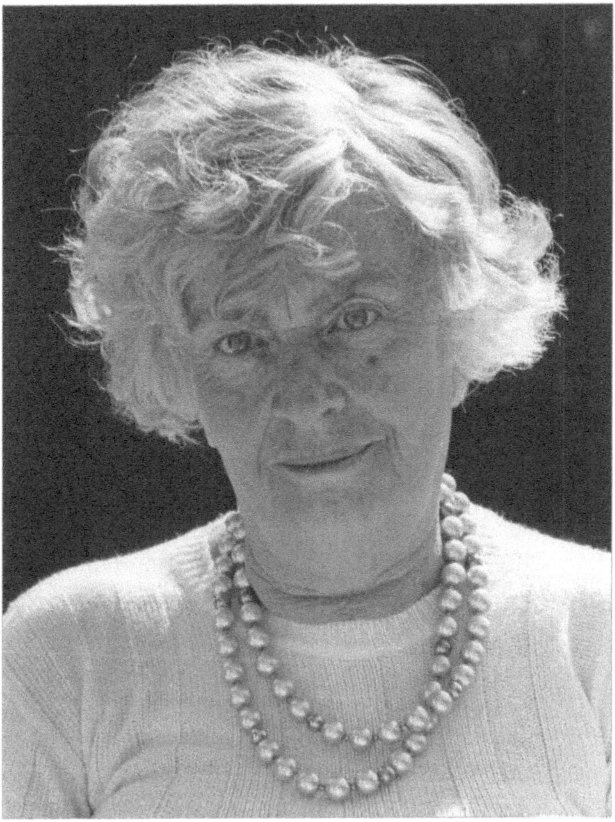

»Die Frage, ob ich ein auf der Flucht befindliches Mitglied der Baader-Meinhof-Gruppe in meiner Wohnung versteckt hatte, ist mir nie gestellt worden.« Marie Luise Kaschnitz, Ende der 1960er-Jahre

die Luft bleiern drückte und sich eine schläfrige Stille über die Stadt legte. »Rom im Hochsommer, das sind die langen Alleen von Oleanderbäumen, weiß und rosa blühend [...]. Die heißen Stadtnächte, kein Luftzug auf dem Grunde der Straßen, nur Staub und Brodem der Motoren und ruheloses Rasen der Räder ums Geviert.«

Ingeborg Bachmann und Max Frisch hatten sich 1963 endgültig getrennt. Auch nach dem Ende dieser intensiven Beziehung blieb Marie Luise mit Max Frisch in Kontakt, mit Ingeborg sowieso: Sie wohnte ab Ende 1965 nur wenige Schritte entfernt, in der Via Bocca di Leone. Wenn Marie Luise sich nun in Rom aufhielt und die Freundin nicht vor Ort war, konnte sie dort unterkommen. Im Gegensatz zur Wohnung von Tochter Iris, die im sechsten Stock ohne Aufzug lag, befand sich Ingeborg Bachmanns im Erdgeschoss. Marie Luise hatte Probleme mit ihrer Hüfte, wurde später zweimal operiert. Alle Fenster der Wohnung gingen auf den Innenhof, und Marie Luise fühlte sich wie in einem Versteck, eine »Niemand-weiß-wo-ich-bin-Stimmung«. Nachts hörte sie hier eine Mischung aus Stimmen der Nachbarn oder Passanten, leise Musik und Fernseh-Geplapper, gedämpfter Lärm aus einer *birreria*. »Über Verkehrsgeräusche kann ich verrückt werden, aber die nächtlichen Äußerungen römischer Hinterhöfe sind mir ein wirres Schlaflied, von einer fetten Matrone gesungen, ihre dicken Ohrgehänge schwanken, Glasschmuck glitzert auf ihrer Brust.«

Nahezu jährlich veröffentlichte Marie Luise nun neue Arbeiten, die Erzählungen *Ferngespräche* und *Vogel Rock*, mit *Gespräche im All* eine Sammlung ihrer Hörspiele, Lyrikbände sowie ihre tagebuchartigen Aufzeichnungen *Tage, Tage, Jahre* und *Steht noch dahin*. »Meine neuen Prosa-Eintragungen sind kürzer als früher, man wird ja nicht redseliger, sondern wortkarger mit dem Alter, beschränkt sich auf Andeutungen. Friss, Vogel, oder lass es bleiben, werde satt, Leser, oder bleibe hungrig, ergänze, was nicht dasteht, aus eigenem Vermögen, arbeite mit. Ich könnte mir eine Literatur der Zukunft, die aus Stückwerken und jeweils viel Raum zum Selbstausfüllen besteht, durchaus vorstellen« In ihren Texten wurde sie nun unerbittlicher – mit sich selbst, mit ihrer Umwelt –, und erklärte: »Ich habe doch allerhand zu sagen, und zwar gerade vom Standpunkt einer siebzigjährigen Bürgerin aus.«

Dann das Unglück: In der Nacht vom 25. September auf den 26. September 1973 verursachte eine brennende Zigarette ein Feuer in der Wohnung von Ingeborg Bachmann in der Via Giulia, wo sie seit Anfang 1972 lebte. Sie starb mit schweren Brandverletzungen und nach einem kalten Medikamentenentzug am 17. Oktober im Krankenhaus. Ein Schock, tiefe Trauer und Betroffenheit bei Marie Luise. Erst drei Jahre zuvor war der gemeinsame Freund Paul Celan gestorben, im Mai 1970 fand man seinen Leichnam in der Seine. Marie Luise widmete der Freundin das Gedicht *Via Bocca di Leone* – der Wohnort, an dem sie miteinander viel Zeit verbrachten, im Titel.

Manchmal sehe ich dich
Noch unversehrt
[...]
Da stehst du

Da gehst du umher
Kein Glas in der Hand
Kein Wort auf den Lippen

Weiterhin hielt Marie Luise mit vielen Weggefährten Kontakt, tauschte sich mit Kollegen aus, war inzwischen eng mit Peter Huchel befreundet und traf alte Bekannte: Im Frühling 1973 besuchte sie beispielsweise Max Tau, den Lektor ihres ersten Verlages Bruno Cassirer. Er lebte mittlerweile in Oslo. 1950 hatte er als Erster nach dem Zweiten Weltkrieg den Friedenspreis des Deutschen Buchhandels erhalten. Auch in Rom pflegte Marie Luise ihr Netzwerk, beteiligte sich am öffentlichen Leben. So setzte sie sich etwa für den Erhalt des Goethe-Museums in Rom ein, bei dessen Wiedereröffnung 1973 sie aus Goethes *Italienische Reise* sowie aus eigenen Texten las.

Rettung durch Fantasie

Oktober 1974: Marie Luise hielt sich mit ihrem Bruder in Italien auf, sie planten, gemeinsam seinen 70. Geburtstag zu feiern. Wie immer wollte sie ans Meer, sie schwamm weit hinaus, obwohl es um diese Jahreszeit schon sehr kühl war. »Dann denke ich nichts mehr, schwimme weiter, halte die Augen unter Wasser offen, sehe tief, tief unter mir das Wellenmuster im feinen Sand«, hatte sie in ihrer Erzählung *Eines Mittags, Mitte Juni* 1960 formuliert.

Direkt nach der Reise stand die Frankfurter Buchmesse an, für Marie Luise ein fester Termin in jedem Herbst. In diesem Jahr sollte sie dort einen Vortrag halten und die Ausstellung *75 Jahre Insel Verlag* eröffnen. Die Rede war längst fertig, es war ein Plädoyer für die Lyrik: »In der Natur des Menschen ist, wir sahen es, die Rettung durch Fantasie vorgesehen. Es gehört zu seinem unveränderten Vermögen, Mythen und Religionen zu bilden oder diesen letzten kleinen Freiheitsraum, das Gedicht. In völlig technisierten Epochen kann er noch ein Ohr haben für Stimmen, die nicht von technischen Daten und nicht von Soll und Haben sprechen. Er kann, von aller Rücksichtnahme auf traditionelle Stile befreit, neue Formen bilden und Überraschendes zutage treten lassen. Es wird dann immer sein, wie wenn Wolken aufreißen, ein freierer Atem wird ihm gegönnt werden und ein weiterer Blick.« Sie verwies unter anderem auf ihre Freunde Ingeborg Bachmann, Paul Celan und Peter

Huchel, auf Rose Ausländer, Nelly Sachs oder Hilde Domin.

Doch dazu kam es nicht, den Vortrag *Rettung durch Fantasie* hielt Marie Luise auf der Frankfurter Buchmesse nicht. »Nichtsahnend nimmt man am Stand den Telefonhörer auf und erfährt vom Tod in Rom. Einen Augenblick lang tat die Welt, was sie nie tut, sie blieb stehen, ohne dass es aufgefallen wäre. Ich erinnere mich genau«, schilderte Elisabeth Borchers, Lektorin von Suhrkamp und Insel, den Moment, als sie und viele Schriftsteller-Kolleginnen und –Kollegen auf der Buchmesse die Nachricht erhielten, dass Marie Luise Kaschnitz am 10. Oktober 1974 gestorben sei.

Marie Luise hatte sich nach dem Baden stark erkältet, mit Verdacht auf Lungenentzündung brachte man sie in das römische Krankenhaus Villa Stuart. Sie konnte sich nicht mehr erholen. Tochter Iris und Freundin Spinni waren bei ihr, als sie starb, beigesetzt wurde Marie Luise in ihrer Familienheimat Bollschweil. Fast genau ein Jahr nach dem Tod ihrer Freundin Ingeborg Bachmann und fünfzig Jahre nach ihrer ersten Ankunft in Rom. In ihrem Notizheft noch viele unverarbeitete Ideen.

Ich lebte in einer Zeit,
Die hob sich in Wellen
Kriegauf und Kriegab
[…]
Und rasch war die Zeit meine Zeit,
Wer von Pferden gezogen zur Welt kam,
verließ sie im Raumschiff.

Ausgewählte Quellen und weiterführende Literatur

Kaschnitz, Marie Luise: Gesammelte Werke in sieben Bänden, hrsg. v. Büttrich, Christian; Miller, Norbert. Frankfurt a.M.: Insel 1981–1989, Band 1–7.

Kaschnitz, Marie Luise: Tagebücher aus den Jahren 1936–1966, hrsg. v. Büttrich, Christian; Büttrich, Marianne; Schnebel-Kaschnitz, Iris. Frankfurt a.M./Leipzig: Insel 2000, Band 1–2.

Der Nachlass von Marie Luise Kaschnitz befindet sich im Deutschen Literaturarchiv Marbach, ein Großteil der zitierten Briefe liegt dort (A:Kaschnitz, Marie Luise). Weitere zitierte Korrespondenzen befinden sich im Archiv der Zentrale des Deutschen Archäologischen Instituts in Berlin.

Agnese, Barbara (Hrsg.): »über Grenzen sprechend«. Die Briefwechsel Ingeborg Bachmann/Marie Luise Kaschnitz/Hilde Domin/Nelly Sachs. München, Berlin, Zürich: Piper, Suhrkamp 2003.

Albath, Maike: Rom, Träume. Moravia, Pasolini, Gadda und die Zeit der Dolce Vita. Berlin: Berenberg Verlag 2013.

Altgeld, Wolfgang; Lill, Rudolf: Kleine italienische Geschichte. Stuttgart: Reclam 2004.

Arzeni, Flavia (Hrsg.): Il viaggio a Roma. Da Freud a Pina Bausch. Rom: Edizioni di storia e letteratura 2001.

Badewien, Jan; Schmidt-Bergmann, Hansgeorg (Hrsg.): Marie Luise Kaschnitz: Eine sensible Zeitgenossin. Karlsruhe: Ev. Presseverband f. Baden 2002.

Badiou, Bertrand; Höller, Hans; Stoll, Andrea; Wiedemann, Barbara (Hrsg.): Ingeborg Bachmann / Paul Celan: Herzzeit. Briefwechsel. Frankfurt a.M.: Suhrkamp 2008.

Bender, Hans (Hrsg.): Insel Almanach auf das Jahr 1971. Frankfurt a.M.: Insel 1970.

Bienek, Horst: Werkstattgespräche mit Schriftstellern. München: dtv 1965.

Cambon, Glauco: Marie Luise Kaschnitz, poetessa delle macerie. In: Il pensiero critico. Problemi del nostro tempo 3 (1954) 9/10.

Dipper, Christof (Hrsg.): Deutschland und Italien 1860–1960. Politische und kulturelle Aspekte im Vergleich. München: R. Oldenbourg Verlag 2005.

Feldbauer, Gerhard: Geschichte Italiens. Vom Risorgimento bis heute. Köln: PapyRossa Verlag 2008.

Gersdorff, Dagmar von: Marie Luise Kaschnitz. Eine Biographie. Frankfurt a.M.: Insel 1992.

Göttsche, Dirk (Hrsg.): »Für eine aufmerksamere und nachdenklichere Welt«. Beiträge zu Marie Luise Kaschnitz. Stuttgart, Weimar: Verlag J.B. Metzler 2001.

Grimm, Gunter E.; Breymayer, Ursula; Erhart, Walter: »Ein Gefühl von freierem Leben«. Deutsche Dichter in Italien. Stuttgart: J.B. Metzlersche Verlagsbuchhandlung 1990.

Haller, Gerda: Ein Tag wird kommen. Gespräche in Rom, Ingeborg Bachmann. Salzburg, Wien: Jung und Jung 2004.

Henze, Anton: Deutsche Akademie in Rom, Villa Massimo, 1914–1964: Geschichte und Gegenwart einer deutschen Auslands-Stiftung. Rom: Deutsche Akademie 1964.

Hibbert, Christopher: Rom. Biographie einer Stadt. München: C.H. Beck 1987.

Hocke, Gustav René: Im Schatten des Leviathan. Lebenserinnerungen 1908–1984. München, Berlin: Deutscher Kunstverlag 2004.

Hoell, Joachim: Ingeborg Bachmann. München: dtv 2001.

Höller, Hans (Hrsg.): Ingeborg Bachmann/Hans Werner Henze: Briefe einer Freundschaft. München, Zürich: Piper 2004.

Höller, Hans; Langer, Renate; Strähle, Thomas; Wiedemann, Barbara (Hrsg.): Ingeborg Bachmann/Max Frisch: »Wir haben es nicht gut gemacht.« Der Briefwechsel. München, Berlin: Piper, Suhrkamp 2022.

Raeck, Wulf; Becker, Claudia: Guido von Kaschnitz-Weinberg. Frankfurt a.M.: Societäts-Verlag 2016.

Raitz, Brigitte: »Ein Wörterbuch anlegen«: Marie Luise Kaschnitz zum 100. Geburtstag. Marbach am Neckar: Deutsche Schillergesellschaft 2001.

Reichardt, Johanna Christiane: Zeitgenossen. Marie Luise Kaschnitz. Eine Monographie. Frankfurt a.M.: Verlag Peter Lang 1984.

Rieche, Anita: 150 Jahre Deutsches Archäologisches Institut Rom. Katalog der Ausstellung. Essen: Gemeinnützige Verwaltungsgesellschaft für Wissenschaftspflege mbH 1979.

Sailer, Gudrun: Monsignorina. Die deutsche Jüdin Hermine Speier im Vatikan. Münster: Aschendorff Verlag 2015.

Schildt, Axel; Siegfried, Detlef: Deutsche Kulturgeschichte. Die Bundesrepublik – 1945 bis zur Gegenwart. München: Carl Hanser 2009.

Schnebel-Kaschnitz, Iris; Marschall von Bieberstein, Michael (Hrsg.): Mit Marie Luise Kaschnitz durch Rom. Frankfurt a.M./Leipzig: Insel 2000.

Stoll, Ulrike: Kulturpolitik als Beruf. Dieter Sattler (1906–1968) in München, Bonn und Rom. Paderborn/München/Wien/Zürich: Ferdinand Schöningh 2005.

Vetter, Helga: Ichsuche. Die Tagebuchprosa von Marie Luise Kaschnitz. Stuttgart: M und P, Verlag für Wissenschaft und Forschung 1984.
Waldmüller, Monika: Die Wandlung 1945–1949. Marbach am Neckar: Deutsche Schillergesellschaft 1988.

Geführte Interviews

Kurt Kaschnitz, Rom/Graz, 30.05.2019
Oriol Schaedel und Thiadhild Goldbrunner, Rom, 03.07.2019
Ingrid Bachér, Düsseldorf, 14.01.2020
Ulrike Diener, Freiburg, 05.09.2020

Anmerkungen

1 Im Original des Briefes fälschlich »Telemann«. Der besseren Lesbarkeit zuliebe wurde in den Zitaten die alte Rechtschreibung an die aktuelle angeglichen und kleine Fehler wurden bereinigt.
2 Bis 1945 hieß das Institut »Archäologisches Institut des Deutschen Reiches«.
3 In den Briefen von Guido und Marie Luise fällt häufig der Begriff *Windsbraut*. Das Gemälde *Die Windsbraut* von Oskar Kokoschka zählte zu den Lieblingsbildern der beiden.
4 Italienisch »Tu sei« = »du bist«
5 Eventuell spielt Guido darauf an, dass das Gut der Familie Holzing-Berstett in Bollschweil im Hexental liegt.
6 Spitzname innerhalb der Familie für Marie Luise Kaschnitz
7 Ihr Spitzname für Guido

Dank

Marie Luise Kaschnitz lebte einst in meiner Frankfurter Nachbarschaft, an ihrem ehemaligen Wohnhaus komme ich häufig vorbei. Dass ihr Leben und Werk eng mit Italien verbunden war, entdeckte ich durch Zufall, und ich begann die Recherche für ein Radio-Feature in der Casa di Goethe in Rom. Vor Ort zeigte sich schnell: In diesem Thema steckt noch weitaus mehr. Und doch ließen sich auch in diesem Buch viele Aspekte nur anreißen.

Mein Dank gilt der Casa di Goethe, ihren MitarbeiterInnen und dem Arbeitskreis selbständiger Kultur-Institute e. V. für diesen besonderen Aufenthalt. Vor allem danke ich der damaligen Leiterin der Casa di Goethe, Maria Gazzetti, für die kontinuierliche Unterstützung sowie ihr Interesse an meiner Arbeit – grazie mille!

Kurt Kaschnitz, Oriol Schaedel (†) und Thiadhild Goldbrunner, Ingrid Bachér sowie Ulrike Diener haben sich Zeit für Hintergrundgespräche genommen. Mein Blick auf Marie Luise Kaschnitz und auf ihr Umfeld wurde dadurch vielschichtiger, die zahlreichen Anregungen und Hinweise waren sehr bereichernd für die weitere Arbeit.

Der Nachlass von Marie Luise Kaschnitz im Deutschen Literaturarchiv in Marbach (DLA) umfasst 53 Kästen: Briefe, Notizbücher, Kalender, Manuskripte. Manches über hundert Jahre alt, einiges sehr schwer lesbar. Anhand dieser Quellen konnte ich mich Marie Luise Kaschnitz weiter nähern, die Rolle Italiens für ihr Leben und Werk wurde noch deutlicher.

Ein großer Dank gilt dem DLA für die Möglichkeit, vier Wochen in Marbach wohnen zu können.

Brigitte Raitz danke ich von Herzen für den fundierten Austausch über Marie Luise Kaschnitz sowie Bettina Hartmann, die sich seit Beginn dieser Arbeit immer wieder Zeit für mich genommen und mir nützliche Informationen hat zukommen lassen.

Darüber hinaus haben weitere Personen auf ganz unterschiedliche Weise zum Gelingen dieses Buches beigetragen. Ihnen danke ich für Archivarbeit, Auskünfte und fachlichen Rat, für kritische Lektüre und anregende Gespräche: Bernard Andreae, Joachim Blüher, Valeria Capobianco, Sylvia Diebner, Martina Düntzner, Heidrun Fink, Andrea Fröhlich, Dorothee Hock (†), Christina Hoefferer, Ruth Hoffmann, Kathrin Klette, Birgit Kraatz, Claudia Nordhoff, Wulf Raeck, Sandra Thoms, Julia Trolp, Joëlle Ullrich. Gedankt sei auch meinem privaten Umfeld für Motivation, Verständnis und Interesse. Dir, Nico, danke ich sehr, dass Du mich bestärkt und diese Arbeit über einen langen Zeitraum begleitet hast, aufmerksam, geduldig und konstruktiv.

Chronologische Auflistung der Zitate aus dem Nachlass

MLK = Marie Luise Kaschnitz
Guido: Guido Kaschnitz von Weinberg, Ehemann
Iris: Iris Schnebel-Kaschnitz, Tochter
alle anderen Adressaten sind mit vollem Namen angegeben

Sämtliche Zitate sind aufzufinden in: DLA Marbach, A:Kaschnitz, Marie Luise

MLK, Kalender 1918
Vater Holzing-Berstett an MLK, 2.11.1921
Guido an MLK, August 1925
Guido an MLK, September 1925
Guido an MLK, 30.10.1925
Guido an MLK, 23.4.1928
Guido an MLK, 24.4.1928
Guido an MLK, 4.10.1928
Guido an MLK, 5.10.1928
Guido an MLK, 19.11.1928/26.11.1928
Guido an MLK, Marbach, 24.12.1928
Edith Curtius an MLK, 5.1.1929
MLK, *Nidda*, unveröffentlichtes Romanmanuskript, ca. 1928/29
Guido an MLK, 10.7.1929
MLK an Elisabeth Ihle, 18.1.1931
MLK an Elisabeth Ihle, 6.5. (vermutl. 1931)
Edith Curtius an MLK, 2.5.1932
Max Tau an MLK, 15.5.1933
MLK an Elisabeth Ihle, 5.6.1933
Verlagsprospekt zu *Liebe beginnt*
Thomas Mann an MLK, 31.1.1934
MLK an Elisabeth Ihle, 24.2.1934
Ludwig Curtius an MLK, 19.4.1934
MLK an Elisabeth Ihle, 23.9.1934
MLK an Dolf Sternberger, 29.1.1946
MLK an ?, über Paul Celan, 27.9.1948
MLK an Guido 26.4.1950
MLK an Guido, 22.6.1950
MLK an Iris, 4.11.51
MLK an Iris, 30.5.1952
MLK an Iris, 29.9.1952
MLK an Iris, 15.11.1952
MLK an Iris, 02.6.1953
MLK an Iris, 07.11.1953
MLK an Iris, 01.12.1953
MLK an Dolf Sternberger, Dezember 1953
MLK an Iris, 14.1.1954
MLK an Iris, 12.7.1954
Ingeborg Bachmann an MLK, 15.10.1955
MLK an Guido, 23.10.1955
MLK an Bernt von Heiseler, 24.5.1961
MLK an Luise Rinser, 02.3.1966

Bildnachweis
Alle Fotos: Deutsches Literaturarchiv Marbach, außer S. 88: picture alliance/dpa.

Quellennachweis
Abdruck der Briefzitate mit freundlicher Genehmigung des DLA Marbach sowie der im Folgenden genannten Rechteeigentümer:
Ingeborg Bachmann © Ingeborg Bachmann Erbengemeinschaft, vertreten durch Heinz Bachmann
Ludwig Curtius © Franca Peters
Marie Luise Kaschnitz und Guido von Kaschnitz-Weinberg © MLK-Erbengemeinschaft München
Thomas Mann © Frido Mann

NEU START KULTUR Diese Arbeit wurde gefördert durch das von der Beauftragten der Bundesregierung für Kultur und Medien initiierte Programm Neustart Kultur.

1. Auflage 2024

Lektorat: Janina Reichmann, Berlin
Umschlaggestaltung: Lisa Neuhalfen, moretypes, Berlin
Covermotiv: Marie Luise Kaschnitz, 1945/46, Bollschweil
© DLA Marbach
Satz: Birgit Cirksena · Satzfein, Berlin
Druck und Bindung: GGP Media GmbH, Pößneck
ISBN 978-3-86915-307-0

www.ebersbach-simon.de

Gedruckt auf Papier aus nachhaltiger Forstwirtschaft
Printed in Germany

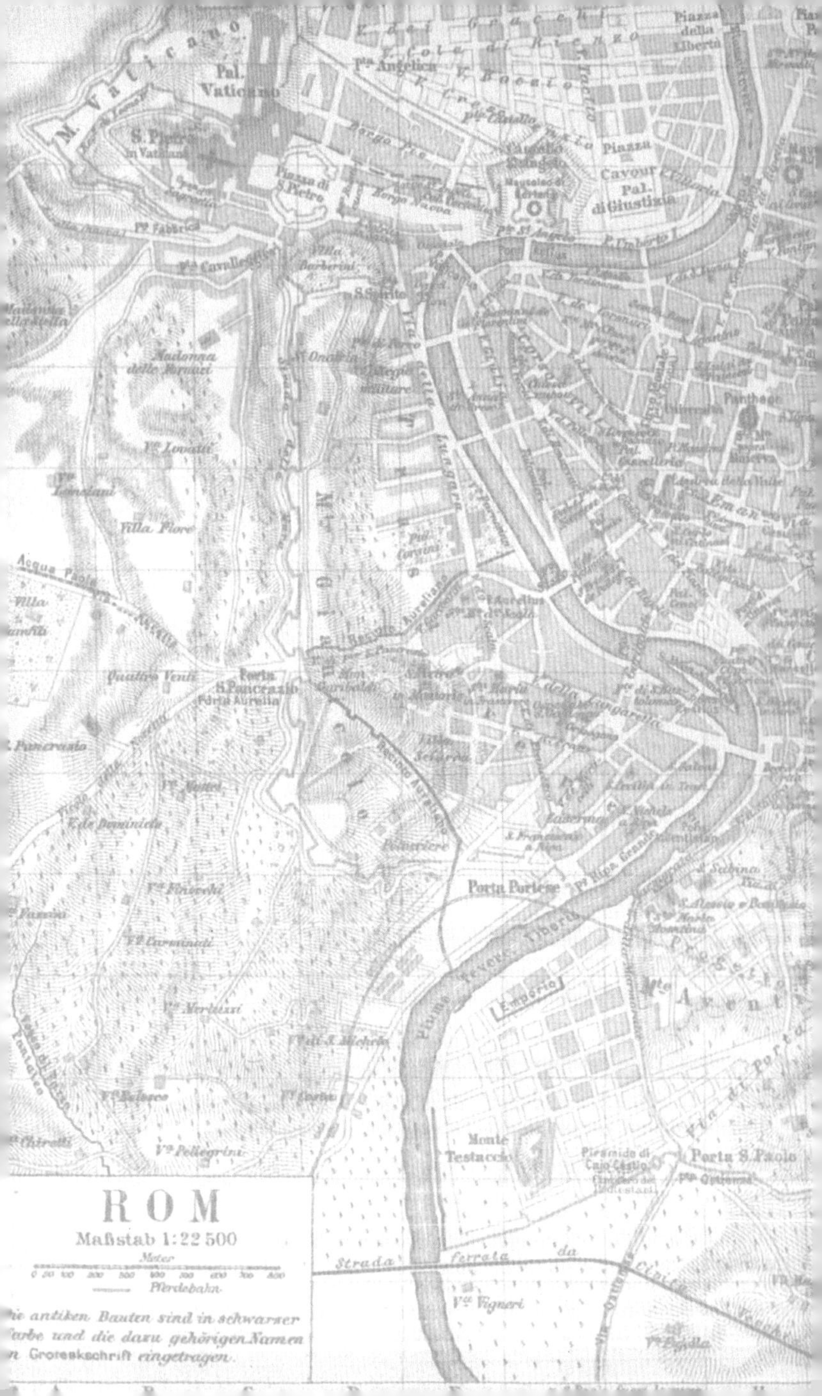
ROM
Maßstab 1:22 500
Meter
0 50 100 200 300 400 500 600 700 800
Pferdebahn
ie antiken Bauten sind in schwarzer
arbe und die dazu gehörigen Namen
n Groteskschrift eingetragen.
M. Vaticano
Pal. Vaticano
S. Pietro in Vaticano
Piazza di S. Pietro
Piazza della Libertà
Piazza Cavour
Pal. di Giustizia
Madonna delle Fornaci
Villa Fiore
Acqua Paola
Quattro Venti
Porta S. Pancrazio
Porta Aurelia
Pantheon
Porta Portese
Emporio
Mte Aventino
Monte Testaccio
Piramide di Cajo Cestio
Porta S. Paolo
Strada ferrata da
Vla Vigneri
Vla Pellegrini